LA QUALITÉ AVEC LE SOURIRE

REMERCIEMENTS

L'auteur adresse ses remerciements personnels :

– à Hervé Sérieyx, qui a pris le risque de préfacer cet ouvrage anticonformiste

– à ses amis du monde (en expansion) de la Qualité qui l'ont approvisionné en matière qualitico-humoristique pour la partie "anthologie"

– à ses amis tout court, Michel Fustier, Jacques Guinet, Pierre Legendre, Claude Pagès, qui ont fait leurs remarques sur la première moûture

– à tous les grands "qualigraphes" qui ont su introduire un peu d'Humour dans leurs écrits (même si c'est parfois sans le faire exprès…)

RENÉ DROIN • ARACQ

LA QUALITÉ AVEC LE SOURIRE

DUNOD

René Droin, ingénieur civil des Mines, a été directeur qualité au groupe Creusot-Loire. Il a été président de l'Aracq de 1984 à 1995.

Il est l'auteur de plusieurs ouvrages publiés aux Editions Belfond : "Le Dictionnaire extraordinaire des Mots ordinaires", "Tom ou les mots les moins longs", " Le Livre des Jolis Mots".

L'**Aracq** (Association régionale pour l'amélioration de la compétitivité par la qualité), créée en 1984 par le Syndicat métallurgique patronal et l'Union interprofessionnelle de la Loire, est le représentant pour le département de la Loire du MFQ (Mouvement français pour la Qualité).

Le Polygone, BP 789, 46 rue de la Télématique,
42951 ST-ETIENNE CEDEX 9
Tél. 04 77 92 89 70 Fax 04 77 92 89 98

ISBN 2 10 003404 9

PREFACE

De tout temps, nous dit Alexandre Vialatte, l'homme a eu un faible pour l'ennui ; il révère les constipés, les jargoneux, les gouvernés, les méprisants, les suffisants, les "qui se prennent pour leur cube" et qui parlent pointu. Bien qu'il affirme le contraire, il ne croit qu'aux chiffres, aux piles de chiffres, aux avalanches de chiffres : justes ou faux, ils le rassurent ; et personne ne le convainc plus qu'un énarque incompréhensible qui lui assure que la conjoncture, selon toutes conjectures, aura une incidence future sur les structures ; bref, le charabia l'accable, mais le charme ; c'est la vieille haine/amour de l'instituteur ; on se fie en ceux qu'on ne comprend pas : pour être à ce point abscons, ils ont sûrement le fil direct avec l'au-delà ; ils ont décrypté la raison des causes et les ressorts secrets de la complexité.

Cette charmante crédulité dont tous les Trissotin, les maîtres Purgon, les hauts fonctionnaires et les gourous de tous poils font leurs choux gras introduit sournoisement des termites dans les meilleures idées.

Ainsi, cette notion revigorante de Qualité, née du simple bon sens – une entreprise a intérêt à travailler pour ses clients plutôt que pour se faire plaisir – risque de connaître un destin éphémère : comme autant de criquets pèlerins, les ingénieurs en mal de philosophie, les consultants faméliques, ceux qui ne s'épanouissent que dans la théorie, bref, comme le chantait Brassens, "la bande au professeur Nimbus", sont en train de s'abattre sur la Qualité pour la schématiser, la règlementer, la définir, l'enrégimenter et lui faire perdre sa belle fraîcheur d'idée simple ; ennuyeuse et compliquée, elle méritera enfin d'entrer au panthéon du management où dorment à jamais les cendres de la Direction participative par objectifs, celle de la rationalisation des choix budgétaires et de mille et un gadgets organisationnels qui auraient connu de grands destins s'ils avaient su rester des moyens simples au service de fins complexes au lieu de devenir des moyens compliqués au service de fins oubliées.

Sachons gré à René Droin de tenter un ultime soubresaut pour sauver la Qualité, en lui restituant joie et vie ; Jules Renard nous aide à vivre : il nous rappelle que “l’humour, pudeur quotidienne, c’est la propreté morale de l’esprit”. La Qualité, essentielle à la survie de l’entreprise, est en bien triste position si elle devient à son tour l’objet de thèses, qui, d’antithèses en synthèse et en prothèse, dénaturent sa belle simplicité.

Gageons que “LA QUALITÉ AVEC LE SOURIRE” fera plus pour la cause de la Qualité que tous ces manuels assommants qui de premièrement en secondement prétendent nous dire ce que nous avons à faire. L’entreprise, c’est simple. Dès que cela devient compliqué, craignons seulement pour nos zygomatiques : mais les crampes qu’on y prend sont toujours soignables. Dès qu’on rit on vit ; les larmes ont toujours un parfum de mort. Merci René Droin, pour un livre qui, par le rire, prend enfin la Qualité au sérieux.

Hervé SERIEYX

Je me méfie des gens qui ne rient jamais, ce ne sont pas des gens sérieux. (Mozart).

Table des matières

AVERTISSEMENT AUX LECTEURS

Les lecteurs qui ouvriront ce livre devraient pouvoir se ranger dans l'une de ces quatre catégories :

		HUMOUR	
		Connaît	Connaît pas
QUALITE	Connaît	1	3
	Connaît pas	2	4

Il est fortement conseillé à ceux qui appartiennent aux 3ème et 4ème catégories de ne pas aller plus loin, et de chercher à se débarrasser de cet ouvrage dans les meilleures conditions. Ils ont fait une erreur en l'achetant. Tout le monde peut se tromper, comme cela sera expliqué à la page 73.

Ceux qui (dans la case 1), possèdent à la fois un bon sens de l'HUMOUR, et ont, par exemple de par leur vie professionnelle, une bonne connaissance de ce qu'on entend aujourd'hui par QUALITE, peuvent avancer sans crainte dans leur lecture : ils s'y reconnaîtront sans difficultés.

Les lecteurs de la catégorie n° 2 posent problème : ils sont certes prêts à rire, ou au moins, ne soyons pas trop exigeants, à sourire, mais ils ont peur de ne pas comprendre. Et il y a en effet toute chance pour que ce qu'ils mettent dans le mot QUALITE ne soit pas ce que l'auteur, avec beaucoup d'autres, y met aujourd'hui. Qu'ils se rassurent cependant : qu'ils sachent simplement (pour l'instant) que la QUALITE est ce qui rend le consommateur heureux. Etant forcément, comme tout un chacun, consommateurs de quelque chose, ils sont donc parfaitement habitués à apprécier la Qualité de ce qu'ils utilisent. Mais ils sont aussi eux-mêmes, forcément, des "producteurs", ayant des "clients". Mais oui ! Ils sont bien en relation avec d'autres personnes, avec lesquelles ils échangent donc forcément quelque chose. Et ceci même s'ils n'ont aucune activité professionnelle. Il leur est donc facile aussi de se mettre dans la peau du producteur pour comprendre ce qu'il faut faire et ne pas faire pour satisfaire ces "clients".

S'ils souhaitent dès maintenant en savoir plus, ils pourront lire en premier, par exemple, le chapitre sur l'Amour et la Qualité, page 13, ou voir à quoi ressemble la "Roue" de la Qualité, page 147.

Car tout, dans ce livre, peut être lu dans le désordre : les chapitres se trouvent seulement dans l'ordre alphabétique du mot le plus important de leur titre (avec ce système, l'Amour est très bien placé : qui s'en plaindrait ?)

Mais pour ceux qui souhaiteraient s'y retrouver, et quoi de plus normal, un index alphabétique des principaux mots-clefs a été mis à leur disposition en fin de volume.

HA ! LES ACHATS !

Beaucoup d'entreprises n'ont plus de Service Achats, mais un Service H.A. C'est plus court, donc plus rapide (on gagne un temps fou ...), ça fait "sigle" et le Service se trouve ainsi élevé au même niveau que le B.E, voire la D.G. . Et en plus, c'est amusant. Alors pourquoi se priver de cette désignation qu'en termes cruciverbistes on appellerait *phonétique* ? On trouve aussi des Services APPROS : même réduction des deux tiers du nombre de lettres par rapport au mot d'origine APPROVISIONNEMENTS, mais moins drôle.

Qu'il s'agisse d'H.A. ou d'APPROS, la fonction est d'une importance capitale pour la Qualité. Tout simplement en vertu de cette égalité que beaucoup d'entreprises ont une fâcheuse tendance à oublier :

Q livrée	=	Q achetée	+	Q fabriquée (1)

et qui découle directement de son homologue en termes financiers :

PR (prix de revient)	=	PA (prix d'achat)	+	VA (valeur ajoutée)

C'est une fonction difficile. Et BARENTON (2) n'était pas très charitable qui faisait ainsi, avec une certaine perfidie, le portrait d'un *Employé d'Approvisionnement* :

---

(1) Raymond Oliver dit la même chose dans un langage moins ... mathématique : *Avec de la m.... , tu ne feras toujours que de la m....*

(2) C'est en 1938 qu'Auguste Detœuf, polytechnicien et chef d'entreprise, écrivit les célèbres "Propos de O.L. BARENTON, Confiseur". Ce n'est sans doute pas par hasard que son héros naît en 1870 dans le Calvados d'un père pharmacien de 1ère classe : comme Alphonse ALLAIS, mais 16 ans plus tard ... Comme le célèbre humoriste, Barenton-Detœuf a l'art de cultiver le paradoxe, et ses pensées et aphorismes, toujours d'actualité, traduisent un fort esprit d'observation caustique du monde de l'entreprise. Plusieurs de ses Propos, on s'en doute, ont un certain rapport avec notre sujet, la Qualité, et l'on en trouvera quelques citations au fil de ces pages.
Les "Propos de O.L. BARENTON, Confiseur" ont été réédités en 1988 © Ed. d'Organisation.

C'est un homme aimé, et qui se sait aimé. Les fournisseurs l'adorent, et le lui montrent bien : ils le comblent de mots aimables, d'étrennes, de petits cadeaux pour sa fête (le 2 avril) et pour son anniversaire (le 7 octobre). Et cela est fort désintéressé – car l'employé d'approvisionnement n'a, d'après le règlement, nulle puissance. Il ne décide rien. Il ne signe rien. Son chef, lui, est puissant ; mais son chef n'est pas libre ; car il se sent responsable.

Tandis que l'employé est libre. Il est libre d'indiquer à un visiteur le prix qu'il a lu sur une offre de concurrent, libre d'égarer cette offre, libre de placer en tête du dossier la proposition qu'il juge favorable.

Il n'est pas malhonnête : il ne voudrait pas pour un empire ni même pour un pourboire, commettre une indélicatesse. Mais il est libre. Et quel plus noble usage faire de la liberté, que de rendre service à ses amis ?

Cet Employé d'Approvisionnement connaît pourtant son métier. Il sait qu'acheter bon marché peut coûter très cher, vérité qui ne date pas d'aujourd'hui. Voici en effet ce qu'écrivait VAUBAN, à l'époque occupé à des travaux de fortifications à Belle-Isle, à LOUVOIS, ministre de la guerre de Louis XIV :

Monseigneur,

.... Il y a quelques queues d'ouvrages qui ne sont point finies et qui ne finiront point, et tout cela, Monseigneur, par cette confusion que causent les fréquents rabais qui se font dans vos ouvrages, car il est certain que toutes ces ruptures de marchés, manquements de parole et renouvellements d'adjudications ne servent à vous attirer comme entrepreneurs que tous les misérables qui ne savent où donner de la tête, les fripons et les ignorants, et à faire fuir tous ceux qui ont de quoi et qui sont capables de conduire une entreprise. Je dis de plus qu'elles retardent et renchérissent considérablement les ouvrages qui n'en sont que plus mauvais, car ces rabais et bons marchés tant recherchés sont imaginaires d'autant qu'il est d'un entrepreneur qui perd comme d'un homme qui se noie, qui se prend à tout ce qu'il peut ; or se prendre à tout ce qu'on peut en matière d'entrepreneur, c'est ne pas payer les marchands chez qui il prend les matériaux, mal payer les ouvriers qu'il emploie, friponner ceux qu'il peut, n'avoir que les plus mau vais parce qu'ils se donnent à meilleur marché que les autres, n'employer que les plus méchants matériaux, chicaner sur toutes choses et toujours crier miséricorde contre celui-ci et celui-là...

En voilà assez, Monseigneur, pour vous faire voir l'imperfection de cette conduite, quittez-la donc et, au nom de Dieu, rétablissez la bonne foi, donnez le prix des ouvrages et ne refusez pas un honnête salaire à un entrepreneur qui s'acquittera de son devoir ; ce sera toujours le meilleur marché que vous puissiez trouver.

Il est poli avec ses fournisseurs, mais sans toutefois aller jusqu'à imiter Pierre Dac écrivant à son marchand de charbon pour lui passer commande (3) :

(3) Dans *L'Os à Moëlle*, Ed. Le Livre de poche, Juillard.

Cher Monsieur (ou Madame si c'est une femme),

Les frimas n'étant pas encore parvenus au terme de leur course frigide, et connaissant de réputation et par expérience personnelle votre haute compétence en matière de combustible, serait-il trop indiscret et exagérément audacieux de vous prier de bien vouloir me faire parvenir à votre convenance et dans les délais que je laisse à votre appréciation, quelques centaines de kilogrammes de ce dont vous jugerez bon de vous dessaisir à mon profit en vue de maintenir en mon modeste home le coefficient calorique nécessaire à mes principes vitaux ?

Espérant que la présente trouvera auprès de vous la faveur d'un accueil bienveillant, et en l'attente impatiente de l'honneur de votre proche visite, croyez, cher Monsieur (ou Madame si c'est autre chose qu'un homme) à l'assurance de ma haute considération et de mes sentiments respectueux.

(Signature)

Il ne sous-traite pas, mais co-traite (ce qui est autrement valorisant) , il n'a pas des fournisseurs, mais des partenaires (idem), et s'il se maille avec eux, c'est pour éviter d'avoir maille à partir avec eux.

❑❑❑❑❑

LA NOUVELLE RELATION CLIENT-FOURNISSEUR :

Le ***Carré magique*** : Gagner ensemble, ou perdre dans le désordre :

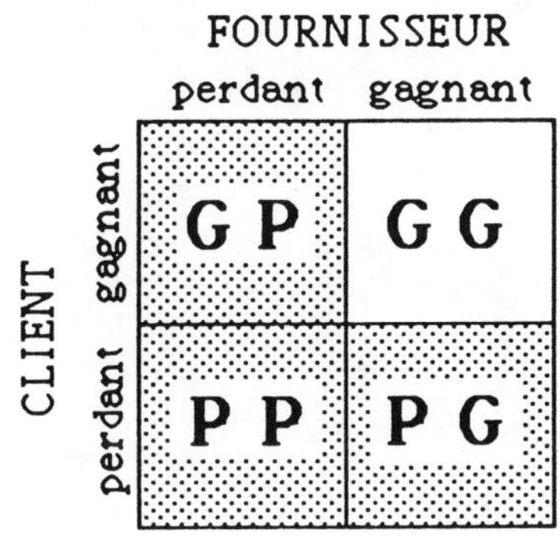

Moralité : le Maillage remplace le Chamaillage.

On appelle cahier des charges un volume destiné à définir une commande, qui est établi par l'acheteur et dans lequel tout est prévu, sauf la bonne foi du vendeur. (Barenton)

Achille Perceau DRH

Carnet de Dessins

Je me sens en forme ce matin,
je crois que je vais rester à la maison.

LA MOTIVATION

DIRECTION DES RESSOURCES HUMAINES

L'AMOUR ET LA QUALITE

Tout le monde connaît (ou devrait connaître...) la définition officielle (1) de la Qualité :

> *Ensemble des propriétés et caractéristiques d'un produit ou service qui lui confèrent l'aptitude à satisfaire des besoins exprimés ou implicites.*

Dit autrement, la Qualité c'est – tout simplement – **ce qui fait plaisir au client** : c'est, d'abord, aller au-devant de ses désirs, et ensuite veiller à ce que le produit lui donne satisfaction lorsqu'il en aura la jouissance. Avez-vous remarqué ? Désir, jouissance, plaisir, satisfaction... Un vocabulaire que l'on rencontre plus souvent dans d'autres circonstances... Peut-être commencez-vous à réaliser l'ambiguïté du titre ? Mais ne restons pas au-dessous de la ceinture (que ceux que ces choses intéressent patientent un peu, nous aurons l'occasion d'y revenir) et élevons le débat.

(1) Norme AFNOR NF X 50120.

Pour “faire plaisir au client", il faut être à son écoute, devancer ses demandes, être aux petits soins pour lui, le câliner (le *quâliner* ?), dialoguer, vouloir qu’il soit heureux, s’assurer sa fidélité. Attentions, écoute, bonheur, fidélité, voilà une autre série de mots, qui sont cette fois relatifs à la forme noble de l’amour, le sentiment qui existe entre parents et enfants, frères et sœurs, mari et femme, entre amis, entre les hommes, bref ce que l’on a coutume d’appeler l’amour du prochain.

Ainsi donc, voilà tout un vocabulaire réservé d’habitude au langage de l’amour et qui conviendrait bien aussi lorqu’il est question de Qualité ? La Qualité serait donc cela : **l’amour de ce prochain qu’est le client** ? Mais oui ! Ce n’est même rien d’autre.

QUALITE ET CHARITE

Vous refusez d’admettre qu’il existe bien une relation d’identité entre Qualité et Amour ? En voilà la preuve :

Chacun sait que le cabri est le petit de la chèvre, que le chien est un représentant de la race canine, que le cheval est monté par un cavalier... On pourrait multiplier les exemples qui montrent que, dans notre langue, les sons “k” et “ch” sont très voisins. Le nombre de doublets de ce type est considérable : chair/carne, castrer/châtrer, chose/cause, échelle/escale sont bien connus ; chenille/canicule, cheptel/capital, cheville/clavicule le sont peut-être moins. Pour représenter le son “k”, les lettres “c” et “q” sont équivalentes, comme le montrent les couples quiet/coi, carré/équerre, queue/couard, quignon/coin. Ainsi on peut en déduire que “ch” et “qu” sont interchangeables.

Chacun sait aussi que les Bourguignons (et d’autres...) roulent les “r” : dans les environs du Creusot, nul ne s’étonne d’entendre parler du “Clleusot”. Cette transformation du “r” en “l” est naturelle et universelle : Alger se dit *Argel* en espagnol, merci se dit *obrigado* (obligé) en portugais, et les Japonais (décidément, de quelque manière qu’on s’y prenne, il est difficile de ne pas parler d’eux !) ne font aucune différence dans la prononciation du “r” et du “l”.

Il ne nous reste plus maintenant qu’à superposer les deux mots QUALITE et CHARITE pour s’apercevoir qu’en réalité ces deux mots... n’en font qu’un :

QU	**A**	**L**	**ITE**
↓		↓	
CH	**A**	**R**	**ITE**

Ce qu’il fallait démontrer. Etonnant, non ?

Des philologues ne vont pas manquer de s'émouvoir en lisant ces lignes. Et ils auront raison, car toute brillante et argumentée qu'elle soit, notre démonstration n'a rigoureusement aucune valeur ! Il n'y a (hélas !) pas plus de parenté étymologique entre Qualité et Charité qu'il n'y en a entre *qualis* et *carus*, les deux mots latins dont chacun est issu. Dommage !

Mais si, en rapprochant ces deux mots de consonance si voisine, nous avons eu tort sur la forme, nul ne nous empêchera d'avoir raison sur le fond : ce rapprochement, fût-il indû, pourra toujours servir de moyen mnémotechnique ! Que tous ceux qui, dans l'entreprise, sont en contact avec le client ou, à défaut, avec le produit qui va chez le client, c'est-à-dire le plus grand nombre, retiennent la leçon : traiter le client comme un être cher, un ami, un parent. Nous n'irons pas jusqu'à dire un amant, car à l'inverse de l'Amour, la Qualité n'a pas de phase paroxystique (vous avez noté que les mots passion, extase... ou orgasme, n'ont pas été cités plus haut !) : c'est un comportement permanent, une attention de tous les instants, un souci constant de rendre service.

LA PREUVE QUE C'EST BIEN LA MEME CHOSE :

La Qualité, c'est comme l'Amour de Rosemonde Gérard, on peut toujours mieux faire :

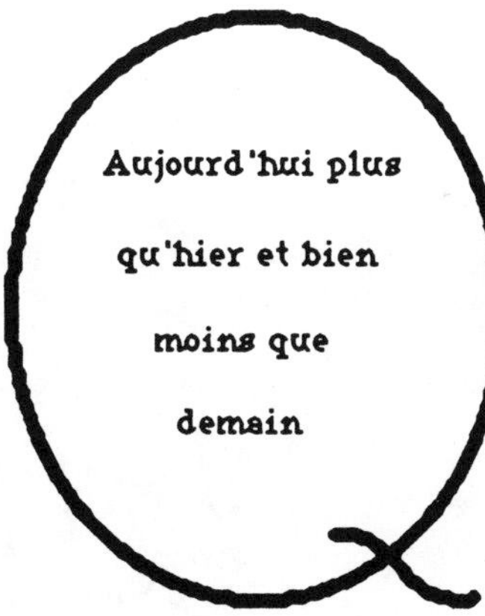

Pour aimer les clients, encore faut-il que ceux-ci soient... aimables ! Celui qui reçoit doit aussi donner : c'est la contrepartie de l'amour. Aime-moi, je t'aimerai, tu m'apportes la qualité de ton produit ou de ton service, je t'offre en retour un juste prix, de l'activité, ma confiance, ma fidélité.

AUTRES CONSEQUENCES

Nous allons maintenant démontrer qu'aux trois vertus théologales que sont la Foi, l'Espérance et la Charité, on peut très naturellement faire correspondre trois vertus "économales" : le Prix, le Délai et la Qualité.

Inutile d'insister davantage sur la relation entre Qualité et Charité : la démonstration (?) a été faite ci-dessus.

En ce qui concerne le Délai et l'Espérance, point n'est besoin de longs discours : le Délai, c'est l'attente, en termes de quantité de temps, et l'Espérance, c'est aussi l'attente, en termes d'intensité de désir. D'ailleurs le verbe "espérer" n'a-t-il pas, en langue occitane, le sens précis d'"attente" ? Ainsi, dans le Midi de la France, au temps pas si lointain où cette langue était encore d'usage courant, un accroissement du délai de livraison avait comme conséquence immédiate une augmentation de l'"espérance" du client !

L'amour du client suppose… la compassion… (suite page 18)

Releveur de compteur relevant le moral d'un abonné

Enfin, l'acte d'achat est réellement un acte de Foi : dépenser une certaine somme d'argent pour acquérir un bien, c'est "croire" que ce produit donnera satisfaction, qu'on en aura pour son argent. Il s'agit bien d'une sorte de pari : le prix sera payé la plupart du temps avant que la démonstration de l'aptitude à satisfaire soit faite. Il est curieux de constater que le langage de l'argent fait souvent référence au langage de la foi : Barenton l'avait remarqué qui disait : *"Crédit, confiance, croyance, foi :* fides (2) *et* credo, *mots qui expriment la même nécessité sociale"*.

Foi, espérance, charité. Prix, délai, qualité. Trois vertus théologales d'un côté, trois vertus "économales" de l'autre. Deux trinômes qu'on n'a pas l'habitude de voir ensemble ! Et pourtant... Relisons ensemble, dans la 1ère Epître de Saint Paul aux Corinthiens, ce passage bien connu qui commence par ces mots : « *Quand je parlerais les langues des hommes et des anges, si je n'ai pas la charité, je ne suis qu'airain qui sonne ou cymbale qui retentit* » et se termine ainsi : « *Présentement... demeurent foi, espérance et charité, toutes les trois, mais la plus grande d'entre elles, c'est la charité* ». Nous n'avons aucune peine à transposer en *économal* : « *Quand vous auriez un bon prix, quand vous auriez un bon délai, si vous n'avez pas la qualité, vous n'êtes rien* ». Car la qualité « *excuse tout, croit tout, espère tout, supporte tout* ».

Barenton, toujours lui, n'exprimait rien d'autre en écrivant : « *On oublie le prix d'une chose, on oublie le temps qu'on l'a impatiemment attendue... Mais on se souvient des services qu'elle vous a rendus ou refusés. Car le prix ne se paie qu'une fois, la livraison ne se fait qu'une fois, mais l'usage est de tous les jours* ».

(Certes il ne faut pas pousser trop loin l'assimilation de la qualité à la charité chrétienne. Ceux qui sont en procès avec un client n'apprécieront peut-être pas ce conseil de Saint Matthieu : « *A qui veut te citer en justice et prendre ta tunique, laisse-lui encore ton manteau* ». Encore qu'il y ait des procès qu'il aurait peut-être mieux valu ne pas faire...)

VERS LA QUALITE TOTALE

Mais ce n'est pas tout : « *Tu aimeras ton prochain comme toi-même* ». Ce commandement de charité (Lévitique, 19) peut très facilement lui aussi s'interpréter en termes de management : « L'entreprise aimera son client comme elle-même », ou, ce qui revient au même : « L'entreprise s'aimera elle-même comme elle aime son client », ou encore : « L'entreprise choiera son personnel comme son client ».

---

(2) Cf. la monnaie *fiduciaire :* le papier dans lequel on a confiance

… l'esprit de sacrifice…

… et il en faut, de l'abnégation, pour dire "Bonne année, bonne santé" aux clients !

Qu'est-ce à dire ? Que ce qui est bon pour l'entreprise est aussi bon pour le client, que leurs intérêts coïncident, ou en d'autres termes, que la Qualité *dans* l'entreprise (c'est-à-dire la qualité des conditions de travail, des relations, de l'information, etc) a l'effet le plus bénéfique sur la qualité des produits ou des services. Il est inutile de développer davantage cette idée, tout à fait fondamentale, de la dimension humaine de l'efficacité de l'entreprise.

On aurait pu arriver à la même conclusion en partant du proverbe bien connu : « *Charité bien ordonnée commence par soi-même* ». Il suffit de remplacer le mot Charité par le mot Qualité pour découvrir, en une seule et courte phrase, tout le contenu de cette "Bonne Nouvelle" qu'on appelle la Qualité Totale !

QUALITE ET BONNE CHERE

Qualité, charité, cherté, bonne chère : la tentation est grande de suivre la filiation des mots. A l'évidence il n'est nul besoin de se forcer pour trouver une parenté entre *Qualité* et *Bonne Chère*. En effet chacun sait (?) que le mot Amour (au sens de Charité) se dit en grec αγαπη, qui a donné en français le mot Agape. Signifiant à l'origine repas confraternel de fidèles, ce mot, en perdant son singulier, a pris un sens beaucoup plus païen, c'est le moins qu'on puisse en dire.

Ce rapprochement (assez insolite) entre Qualité et Agapes, par le biais de la Charité, suggère deux développements :

Le premier, le moins noble, consiste à faire remarquer que les repas d'affaires font aussi partie de la Qualité : n'est-ce pas une manière comme une autre de "bien traiter" un client ? (mais la "cherté" de la Qualité fait ici une apparition inattendue !). Barenton (encore !) écrivait : "*Le déjeuner d'affaires est utile, à cause de la relation qui unit les sentiments et l'estomac*".

... et peut même aller jusqu'au dépouillement !

– Monsieur, c'est tout ce que nous avons à votre taille.

Le deuxième permet d'introduire le riche concept de convivialité. La convivialité, étymologiquement, c'est le fait de se nourrir ensemble, de partager un repas, d'en être les convives. Le lien entre convivialité et Qualité est clair : c'est la Qualité Totale sous son aspect "management participatif" : le travail de groupe, les Cercles de Qualité, le "first name management", les repas ou sorties en commun, etc). Citons une dernière fois Barenton : "*C'est du jour où l'ouvrier a cessé de manger avec le patron que sont nées les opinions de classe*".

QUALITE ET SEXE

Nous avons promis à ceux (mais sont-ils si nombreux parmi les lecteurs ?) en qui "le cochon sommeille" de les récompenser d'avoir bien voulu nous suivre jusque-là. Le moment est venu, au terme de ce chapitre, de leur apporter une (petite) satisfaction.

Il nous suffira pour cela de remarquer qu'il existe deux formes de relations différentes entre la Qualité et le Sexe, l'une négative, l'autre positive.

Commençons par la première. Deux êtres qui s'aiment, au moins s'ils sont de sexe opposé, sont rapidement conduits à aller plus loin. Que l'entreprise qui aime son client ne suive pas, si elle tient à le conserver, ce cheminement naturel : chercher à "posséder" le client est une forme de rapport qui risque fort de ne pas être très fécond...

Pour illustrer la deuxième forme de relation, nous ferons appel à l'expert américain, Crosby, qui a écrit : *La Qualité a beaucoup en commun avec le Sexe. Chacun est pour (sous certaines conditions, naturellement). Chacun a le sentiment de comprendre ce dont il s'agit (même s'il est incapable de l'expliquer). Chacun pense que, pour passer à l'acte, il suffit de se laisser aller à un penchant très naturel (« après tout, c'est bien ce que nous faisons déjà, d'une manière ou d'une autre »). Et bien sûr, chacun pense que, quand il y a un problème, c'est la faute de l'autre (« si seulement il voulait mettre un peu de bonne volonté pour faire les choses comme il faut »)...*

Nous ne commenterons pas davantage cette citation, laissant le soin aux lecteurs compétents dans ce domaine de faire travailler leur imagination (ou leur esprit d'observation) pour tirer toute la quintessence, et les conséquences pratiques, de cette riche analogie.

❑❑❑❑❑

L'Amour, ça ne se dit pas, ça se fait (F. Dard). La Qualité aussi !

COURRIER DES LECTEURS

Monsieur,

J'ai lu avec intérêt le chapitre de votre livre consacré à l'Amour et la Qualité.

J'éprouve quelques difficultés à bien identifier mon client : est-ce celui qui me passe la commande, ou celui qui reçoit mes produits ? Pouvez-vous m'aider ?

Je précise que je suis fabricant de munitions de guerre.

Une réponse rapide m'obligerait, car j'ai l'intention de m'engager dans une démarche Qualité, et j'ai impérativement besoin de savoir qui je dois rendre définitivement heureux.

Veuillez... etc.

En affaires comme en amour, l'important c'est d'aimer (Xardel, Habadou et Bloch, dans *Service compris*, Ed. Lattès).

Achille Perceau DRH

Carnet de Dessins

Savez-vous, Duval, que je vous considère comme le plus sympathique de mes employés ?

LA SINCÉRITÉ

DIRECTION DES RESSOURCES HUMAINES

AUDIT DONC !

Comme les hémorroïdes et les collégiens, les audits peuvent être internes ou externes : les audits internes sont exécutés par des personnes appartenant à l'entreprise, les audits externes par des personnes extérieures.

Contrairement à ce que l'on pourrait croire de par l'étymologie, dans l'audit, on s'intéresse à des faits objectifs, et l'on regarde donc plus que l'on n'écoute. Quand on s'intéresse à des rumeurs et qu'on écoute plus qu'on ne regarde, on a affaire aux on-dit et non auxdits audits.

L'audit est fait par des auditeurs. L'audit peut aussi s'appeler enquête : il est alors fait par des enquêteurs.

Les audits sont une activité onéreuse. C'est pourquoi l'on parle de "chers z'auditeurs".

Il peut être utile pour l'auditeur (ou enquêteur) de bien connaître l'activité de l'audité (ou enquêté) avant de faire son audit (ou enquête). Sinon, il risque d'avoir quelques déboires. Voici, à titre d'exemple, le rapport rédigé par un expert en organisation et en productivité ayant assisté à un concert symphonique au Royal Festival Hall de Londres :

1) Les quatre hautbois restent de longs moments sans avoir à jouer. Il serait logique d'en réduire le nombre et d'étaler leur intervention tout au long du morceau , de manière à éliminer les pointes d'activité.

2) Les 12 premiers violons jouant à l'unisson, c'est-à-dire des notes identiques, on peut réduire considérablement leur nombre, quitte à utiliser, si une forte intensité sonore est requise, une amplification électronique.

3) Le coefficient d'utilisation du triangle est extrêmement faible. On a intérêt à utiliser plus largement cet instrument, et même à en prévoir plusieurs. Son prix d'achat étant extrêmement bas, l'investissement serait très rentable.

L'audit, c'est le génie protecteur des affaires (Ph. Crosby)

4) Jouer les triples croches nécessite un effort considérable et représente une complication inutile. On suggère que toutes les notes soient arrondies à la double croche la plus proche. De la sorte on pourra dans une plus large mesure faire appel à des musiciens moins qualifiés.

5) On constate que le même passage est répété trop souvent. Ces répétitions peuvent être sérieusement réduites. En outre il est tout à fait inutile de faire jouer aux instruments à vent un thème déjà exposé par les cordes. On peut estimer que si toutes les redondances sont éliminées, un concert de 2 heures peut tenir en 20 minutes, ce qui diminue les frais généraux et évite, de plus, la nécessité d'un entracte.

6) Le remplacement du piano à queue par un piano droit, moins encombrant, permettrait d'utiliser plus rationnellement l'aire de stockage du magasin de rangement des instruments.

7) Les techniques d'exécution, qui semblent ne pas avoir évolué depuis des siècles, sans aucun progrès dans l'ergonomie, mériteraient une étude approfondie. On remarque par exemple que le pianiste, pour interpréter sa partition, a besoin de ses deux mains et joue encore avec ses deux pieds en s'activant sur des pédales.

8) Il a néanmoins de sérieuses difficultés avec certaines notes. Il est probable qu'une nouvelle conception du clavier rassemblant à portée immédiate des mains l'ensemble des touches les plus fréquemment utilisées pourrait améliorer les conditions de travail de l'interprète.

Pour de nombreux autres exécutants, une des mains sert presque exclusivement à tenir l'instrument ; l'emploi d'un support permettrait de rendre la main oisive disponible pour une autre activité.

9) On peut remarquer aussi, de temps en temps, l'effort excessif fourni par les joueurs d'instruments à vent, alors que l'emploi d'un compresseur pourrait procurer l'air nécessaire d'une façon adéquate et mieux contrôlée.

10) L'obsolescence des instruments est aussi un point qui mérite d'être examiné : le programme ne mentionnait-il pas que l'instrument du premier violon avait plus de 100 ans ? Si on avait appliqué correctement le barême d'amortissement, on aurait constaté que la valeur de cet instrument était certainement nulle et on aurait pu envisager l'achat d'un instrument moderne.

❑❑❑❑❑

Ce n'est qu'avec les yeux des autres que l'on peut bien voir ses défauts (Confucius)

AUTOUR DU CERCLE

RECHERCHE DE PATERNITE

S'il est généralement admis que la roue fut inventée par les Babyloniens vers 3.300 avant Jésus-Christ, il est beaucoup moins facile de savoir quand a été inventé le Cercle (de Qualité) et par qui...

Les Américains prétendent que ce qu'ils ont appelé en son temps la méthode Stanlon, qui eut son heure de gloire dans la sidérurgie U.S. dans les années 30, était des Cercles de Qualité avant l'heure. Quand on sait que leurs ancêtres ne connaissaient même pas la roue lorsque Christophe Colomb vint leur rendre visite, il est permis d'en douter...

Certains Français pensent que le père des Cercles se nomme Hyacinthe Dubreuil, qui répandit dans notre pays, avant la dernière guerre, une méthode participative basée sur des travaux de groupe qu'on pourrait assimiler à ce qu'on appelle aujourd'hui des Cercles de Qualité.

L'INVENTION DE LA ROUE :
Et si on faisait un cercle... de qualité ?

Et bien sûr, il y a les Japonais : eux sont à l'origine du nom, *Quality Control Circle* (le mot *Control* a étrangement disparu lors de la traduction en français, ce qui explique, soit dit en passant, certains regrettables malentendus) et ils ont même fixé avec précision la date de naissance : 1962.

Alors qui croire ?

René Robin (1) va nous aider à mettre tout le monde d'accord. Il écrit :

Reportons-nous une dernière fois, pour conclure, à la source de notre grand fleuve occidental : PLATON, dans sa "République" parle déjà de la "Méthode". Pour lui, quand une chose est d'importance, il s'agit moins de "foncer" sur elle que de tourner autour, de former des cercles de plus en plus étroits, qui serrent la chose de plus en plus près ; au sens, dit-il, où les hommes ont à "cerner le buisson en faisant cercle autour". Pour cela, continue-t-il, "il importe d'être, à plusieurs, rassemblés dans une situation de dialogue, le chasseur solitaire risquant d'être feinté par le gibier fuyant"... Voilà comment, il y a plus de deux millénaires, dans notre monde méditerranéen, ont été décrits les Cercles de Qualité. De vieilles racines, un long avenir.

Voilà réglé l'épineux problème de la paternité des C.Q. : l'honneur de l'Occident est sauf !

C.Q. (F.D...)

DE LA DEFINITION

Cela étant, nous ne sommes guère avancés, car qu'est-ce qu'un Cercle ? On n'a pas fini de disputer, là aussi... : C.Q., G.P. (Groupes Progrès), G.R.P. (Groupes de Résolution de Problèmes), G.A.Q. (Groupes d'Amélioration Qualité), G.E. (Groupes Eurèka), EPI (Equipes de Progrès et d'Innovation), etc, etc, il y a des dizaines d'appellations différentes, ce qui ne serait pas grave si ces acceptions ne recouvraient pas souvent des modes de fonctionnement bien différents. Où sont les vrais Cercles dans tout ça ? Et d'abord qu'est-ce qu'un vrai Cercle ? La quadrature du Cercle !

---

(1) Thèse de Doctorat de 3e cycle. Le titre de ce très méritoire ouvrage (18 Septembre 1987) est (très simplement...) :
"Imbrication du rationnel et de l'imaginaire dans la constitution et la transplantation d'un modèle. Contribution à une étude comparée – entre la France et le Japon – des terrains géo-politiques et socio-culturels sur lesquels se sont implantés et se développent les Cercles de Qualité ".
Ce travail a été repris depuis sous une forme plus comestible : *La Traque de la Qualité* (Ed. d'Organisation).

L'entreprise est un « réseau pensant », dont chaque cercle peut être vu comme un nœud (Joël de Rosnay).

L'expérience nous a malheureusement montré que ce débat de mots cachait un véritable débat de fond... Beaucoup de patrons ont connu bien des déceptions avec les Cercles pour ne pas avoir voulu en voir les véritables finalités. Ils peuvent aujourd'hui utilement réfléchir à ce DEVOIR DE VACANCES :

En commentant le texte ci-dessous, vous vous attacherez à montrer comment l'auteur, par l'usage de la caricature, met en opposition deux styles d'hommes, et donc d'entreprises, dont vous tracerez la typologie en l'illustrant d'exemples pris dans votre environnement familier. Au passage, vous essaierez d'analyser la richesse et l'ambiguïté du concept "Qualité" ("de la Qualité des Produits à la Qualité de la Vie"), et à propos des Cercles de Qualité, vous expliquerez pourquoi finalement les mots ont moins d'importance que le contenu des mots.

CELUI QUI AVAIT DES CERCLES ET CELUI QUI N'EN AVAIT PAS ....

– Chez nous, Monsieur, il y a plus de dix ans que nous avons des Cercles de Qualité !

– ? ?...

– Mais oui, Monsieur, j'ai toujours prôné le travail en groupe dans mon entreprise : quelqu'un qui a participé à une étude participe plus facilement à sa mise en application, vous voyez l'astuce ? Tous mes ingénieurs ont été formés à la conduite de réunion, et je vous prie de croire qu'ils mènent ça rondement. Un nouvel investissement à étudier ? Je crée un groupe de travail, avec les techniciens et la maîtrise concernés, et j'y assiste s'il le faut. Des coûts à réduire ? Idem. Une nouvelle méthode de production ? Un accident grave ? Un nouveau produitt ? Groupe de travail encore, groupe de travail toujours. Alors, quand il s'agit d'un problème de rebut, de retour clientèle, de retouche, bref d'un problème de qualité de nos produits (et la qualité, croyez-moi, j'y tiens, j'ai un service Contrôle comme ça !), eh bien nous appelons ça "Cercle de Qualité". Il faut bien suivre la mode, n'est-ce pas ?

– Mais...

– Oui, je sais ce que vous allez me dire : la participation ouvrière là-dedans ? C'est bien ça ? Eh bien tout ça, ce sont des mots, Monsieur, des mots. Dans une entreprise comme la mienne, il faut de l'autorité. Si tout le monde se met à donner son avis, où va-t-on ! A chacun son métier et les vaches seront bien gardées... Qu' "ils" commencent d'abord par exécuter correctement ce qu'ils ont à faire, et à cesser ces grèves à tout bout de champ qui me f... en l'air mes résultats. On verra après. Remar-

---

Il est ridicule d'acheter une bicyclette, de l'appeler automobile, puis de s'étonner qu'elle ne vole pas (Hervé Sérieyx, à propos des Cercles de qualité).

Sa grande question cette semaine était : « Pourquoi utilisons-nous une table carrée pour nos réunions de Cercles de Qualité ? ».

quez bien que je sais être dans le vent moi aussi : de temps en temps, on en fait venir un ou deux dans nos groupes, ils ont ainsi l'impression qu'on leur demande leur avis et ils sont contents.

– Vous êtes sûr ?

– Et chez vous, Monsieur, pas de Cercles de Qualité ?

– Eh non, Monsieur, pas de Cercles de Qualité. Il y a un peu plus de quatre ans j'avais lancé une grande enquête dans le personnel pour savoir ce que les gens voulaient. Et savez-vous ce qu'ils voulaient ? Etre davantage considérés, tout simplement. Alors les deux premières années, on a essayé de leur donner de l'information : on les a emmenés chez des clients, on leur a communiqué le budget de leur atelier…

– Le budget ? Mais vous n'y êtes plus !

– Ils ont très bien compris : figurez-vous qu'un de nos tourneurs est trésorier de la Joyeuse Boule (vous connaissez ?), il a expliqué aux autres… On leur a donné de la documentation technique, confié quelques responsabilités à leur niveau, etc. La productivité a augmenté de 10 %, l'absentéisme a diminué de moitié. Les deux années suivantes, j'ai créé quelques équipes autonomes, c'est-à-dire…

– Je connais ça. J'avais un cadre qui voulait absolument implanter ces trucs-là dans son service, j'ai été obligé de le f... à la porte !

– Moi j'ai été obligé de me séparer d'un cadre qui ne voulait pas adhérer à ma politique : il est parti de lui-même, car il lui était impossible de changer son comportement avec les ouvriers, il refusait le dialogue, il...

– Le dialogue ! Vous êtes foutu, mon bon Monsieur !

– La quatrième année, on a formé quelques chefs d'équipe et contremaîtres à l'animation de réunion. Ce sont eux qui nous l'avaient demandé. Ils nous ont aussi demandé qu'on leur donne des méthodes pour résoudre les problèmes. On les leur a données. Maintenant on les voit, de temps à autre, réunis autour d'une table ou devant un tableau...

– Hem... Comment appelez-vous ces groupes ?

– Ils n'ont pas de nom, Monsieur : ce sont des gens qui travaillent sur un problème qui les concerne, tout simplement...

– Qui travaillent ! Ils papotent ! Et qui conduit les machines pendant ce temps-là, j'aimerais bien le savoir ?

– Je n'en sais rien, Monsieur. Mais la production augmente régulièrement, beaucoup d'améliorations de détail sont passées en application, les ateliers sont propres et rangés, il y a presque un an qu'il n'y a pas eu d'accident avec arrêt, les rebuts et retouches sont en chute libre. Les gens sont plus détendus. On dirait qu'ils sont... comment dirais-je ? ...plus heureux.

❑❑❑❑❑

LECTURE

EST-CE VRAIMENT LE JAPON QUI A INVENTE LES CERCLES ??

(Histoire vraie)

Un cadre d'une importante Compagnie d'assurances française, à qui vient d'être confiée la responsabilité de la mise en place de Cercles de Qualité dans son entreprise, croit bon de s'adresser à la Société japonaise qui est le correspondant de sa Compagnie à Tokio. Il espère trouver là-bas, grâce à l'antériorité de ce mouvement au Japon, de judicieux conseils.

Quelle ne fut pas sa stupéfaction en recevant quelques jours plus tard la réponse : son correspondant lui demandait de quoi il s'agissait !

October 7, 1987

[redacted]
Paris La Défense 2

Thank you for your memo of September 25, 1987 to [redacted] which requests information on "quality circles program".

We presume 'quality circles' means quality of performance (as oppose to volume) of producers, such as persistency.
If our assumption is correct, yes we have such criteria in various agency award programs.

If quality circle program means something else, we wish you to advise us more specifically so that we can respond properly.

Regards,

[redacted]

Traduction : *Merci pour votre note du 25 Septembre, qui demande des informations sur les "programmes Cercles de Qualité".*

Nous supposons que "Cercles de Qualité" signifie qualité de performance (par opposition à volume) des producteurs, comme la continuité dans l'effort. Si notre hypothèse est correcte, oui, nous avons de tels critères dans les divers programmes de récompense de nos agences.

Si "programme Cercles de Qualité" signifie quelque chose d'autre, nous souhaitons que vous nous informiez plus spécifiquement pour que nous puissions vous répondre correctement.

LE CHAR DE L'ETAT

Le Char de l'Etat navigue sur un volcan..
Joseph Prudhomme.

Il est permis de se demander pourquoi la Qualité s'est répandue par étapes successives, on pourrait presque dire par contagion, au lieu de naître spontanément un peu partout à la fois : d'abord le monde de l'industrie, puis celui des services, et enfin, bonne dernière, l'Administration. On aurait pourtant pu penser que cette dernière, c'est-à-dire l'Etat, était bien placée pour donner l'exemple ! Certes il n'est jamais trop tard pour bien faire, mais voilà bien une question qui mérite réflexion.

Des experts, et non des moindres, ont cherché à analyser ce phénomène de propagation par auréoles concentriques en partant des produits industriels. Ils ont mis en avant certaines particularités de la Fonction publique : une position monopolistique (plus apparente que réelle, semble-t-il aujourd'hui), la nécessité de servir deux maîtres à la fois aux intérêts immédiats pas toujours convergents (l'Etat et l'Usager), le statut du personnel, peu propice à l'évolution, un cadre rigide de procédures, bien nécessaires pourtant s'agissant de l'argent des contribuables, le poids très lourd de la hiérarchie, la culture (ça y est, le mot est lâché) particulière du fonctionnaire, etc, etc. Tout cela est vrai, mais n'est pas entièrement satisfaisant.

Nous proposons une explication, plus structurelle comme on le verra, plus originale aussi... Cette explication trouve son fondement dans deux théories qu'il nous faut donc commencer par rappeler.

1) – La première théorie est due à Jacques Chové (1). Il expose que tout acte de production peut se décomposer suivant les côtés d'un triangle :

– l'ordre (donné par le chef) ou le choix (fait par l'artisan)
– l'exécution proprement dite
– le contrôle (par un contrôleur) ou l'autocontrôle (par l'artisan).

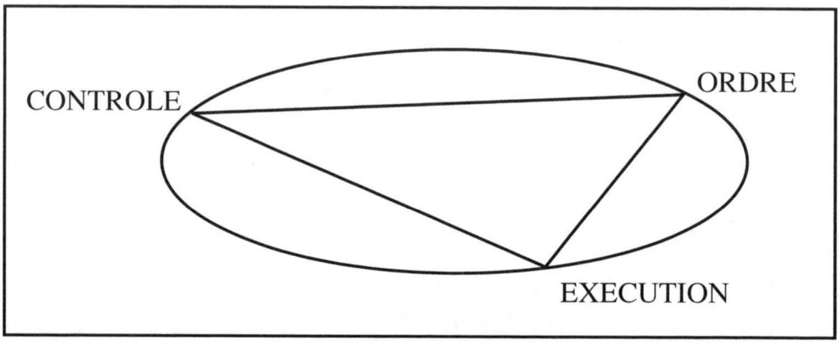

On retrouve là, dit-il, sous une autre forme les trois pouvoirs bien connus de tout citoyen :

– le pouvoir législatif, qui fixe la loi, c'est-à-dire ce qu'il faut faire (ou ne pas faire)

(1) *La mutation déclenchée par les Cercles de Qualité*, Harvard-Expansion, été 1982.

L'administration française ne parle pas, elle écrit (P. Bloch, R. Hababou, D. Kardel)

– le pouvoir exécutif, qui... exécute,

– le pouvoir judiciaire, qui juge de la conformité des actions par rapport à la loi et éventuellement prend des sanctions, toujours négatives, c'est-à-dire corrige (dans le sens qu'il leur donne une bonne correction ...) les contrevenants.

2) – La deuxième théorie est plus connue sous le nom de P.D.C.A, ou encore de Roue de Deming, ou encore Roue de la Gestion. Elle exprime un peu la même chose, mais plus complètement, sous la forme non pas d'un triangle, mais d'un cercle : la roue en question. Il y a quatre étapes, et non trois :

A *(action)* : phase où l'on agit, ou plutôt réagit, pour corriger l'écart entre ce qui était prévu (P) et ce qui a été réalisé (D)

P *(plan)* : fixation de l'objectif, de l'ordre donné

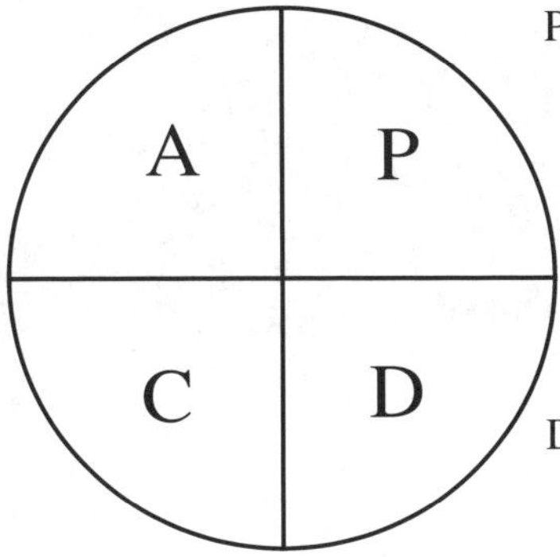

C *(check)* : contrôle, vérification

D *(do)* : exécution proprement dite

Regardons bien la roue de Deming dans le cas de l'Etat : il saute aux yeux qu'il manque quelque chose. Il y a bien le pouvoir législatif, il y a bien le pouvoir exécutif, il y a bien le pouvoir judiciaire, mais il manque un quatrième pouvoir, qu'on pourrait appeler le pouvoir *réactif*. Tout se passe comme si l'Etat était bien outillé pour définir le cadre des actions, pour faire qu'elles s'exécutent, pour sanctionner les écarts éventuels, mais pas pour réagir à ces écarts. On objectera que le pouvoir judiciaire a bien une *réaction*, puisqu'il punit les écarts par rapport à la loi. Mais il ne décide rien pour que l'incident ne se renouvelle pas : il prend une mesure *corrective* (une sanction immédiate) mais pas une mesure *préventive* (à long terme). Il n'en n'a pas le *pouvoir* :

N'y a-t-il pas là une défaillance structurelle majeure, qui expliquerait que notre Qualité ait eu tant de mal à se trouver *en phase* avec notre Administration ?

Voyons de plus près ce qui se passe : il y a des Magistrats, debout ou assis, qui jugent, il y a des Inspections (académiques, des impôts, des finances, etc), il y a une Cour des Comptes, qui fait chaque année... ses comptes, il y a des Conseils (d'Etat, constitutionnel, d'Université, etc) qui ... conseillent, mais finalement il ne se passe rien. Il n'existe pas de pouvoir qui fasse qu'il se passe quelque chose en réaction aux écarts constatés.

Ainsi la roue du Char de l'Etat ne peut pas tourner rond ! Le Char ne peut pas avancer bien vite avec un tel matériel, et les passagers que sont les usagers sont chahutés par les cahots, dans une situation manquant totalement de confort !

On peut exprimer la même chose autrement. En faisant l'hypothèse que le Char de l'Etat, comme toute charrette normalement constituée, a 4 roues, soit 4 x 4 = 16 quarts de roue, on constate qu'il manque 1 quart de roue par roue, il n'y a donc au total que 12 quarts de roue, soit l'équivalent de 3 roues. Il manque une roue au Char de l'Etat !

Tout s'explique : la roue qui manque est la roue de l'*amélioration*, la roue du progrès : c'est celle qui permet, ayant constaté une défaillance, de faire en sorte qu'elle ne se produise plus, c'est-à-dire, en fin de compte, d'avancer.

Il manque un pouvoir en France ! Voilà un scoop qui méritait bien d'avoir une place dans cet ouvrage.

❑❑❑❑❑

LECTURE

LES 5 IMPERATIFS DE LA QUALITE TOTALE : FAITES VOTRE CHOIX !

(Deux histoires vraies)

Le Directeur Régional d'une grande Administration publique, s'étant fait initier aux mystères de la Qualité Totale, et ayant découvert à cette occasion *les 5 Impératifs* eut cette idée lumineuse :

– C'est formidable ! Je vais confier la CONFORMITE à A (ici le nom d'un département de la Région en question), la PREVENTION à B, la MESURE à C, l'EXCELLENCE à D, et la RESPONSABILITE à E. Mais il y a un problème : ma Région a 7 départements. Il faudra que je trouve quelque chose pour les deux autres ...

Dans la même Région, le Directeur d'un grand établissement semi-public, lui aussi passionné par la démarche Qualité Totale, et ayant lui aussi fait la même découverte, réfléchit longuement et déclara :

– La CONFORMITE, ça ne s'applique pas bien chez nous. L'EXCELLENCE, nous ne sommes pas mûrs. La PREVENTION ? Je vois encore mal ce que c'est. La RESPONSABILITE, c'est déjà acquis. Je garde la MESURE !

La France, ce pays où l'on dit « Économique et Social » d'une manière aussi automatique que Tarn-et-Garonne (René Robin)

Achille Perceau DRH

Carnet de Dessins

Aimez-vous faire les travaux que les autres n'aiment pas faire ?

LA PRISE EN COMPTE DES ASPIRATIONS DU PERSONNEL

Direction des Ressources Humaines

GRANDEUR ET SERVITUDE DU CHEF

PETITES ANNONCES
Président-Directeur Général engagerait comme adjoint président-directeur colonel. Présidents-directeurs caporaux s'abstenir.
Pierre DAC

Parmi ses pouvoirs, le Chef dispose du pouvoir de la Qualité. Lui seul peut décider, de son propre chef, d'une politique Qualité. Le Chef nous intéresse donc au premier chef.

On a dit de très belles choses sur le Chef :

de Ch. de Gaulle : *La chose la plus difficile pour un dirigeant, c'est de n'attribuer aucune importance aux choses qui n'ont aucune importance.*

de J. Attali : *Avoir du pouvoir, c'est contrôler le temps des autres et le sien propre.*

de P. Valéry : *Un chef est un homme qui a besoin des autres.*

de Cl. Debussy : *Etre supérieur aux autres n'a jamais représenté un grand effort si l'on n'y joint pas le beau désir d'être supérieur à soi-même.*

de Cl. Aveline : *Ne jamais dire : "C'est leur faute". C'est toujours notre faute.*

Mais on en a dit aussi de fort impertinentes :

de Barenton : *La conscience professionnelle diminue. Mais si vous le constatez, demandez-vous si ce n'est pas de votre faute.*

du même : *Mauvais ouvrier n'a jamais trouvé bon outil. Mauvais patron n'a jamais trouvé bon ouvrier.*

A force de réduire les personnes à ce qu'on en attend, on oublie tout ce qu'elles peuvent donner (G. Archier) de Ph. Crosby : *Le problème n'est pas quand la Direction ne sait pas quoi faire pour obtenir la Qualité. Le problème est quand elle croit savoir ...*

de G. Elgozy (en substance) : *Le chef travaille à la grandeur de son entreprise, cependant que ses subordonnés travaillent à la sienne.*

d'un subordonné inconnu : *La hiérarchie, c'est comme les étagères : plus c'est haut, moins ça sert.*

Mais au fait qu'est-ce qu'un Chef ?

D'abord, le Chef n'est pas un tyran :

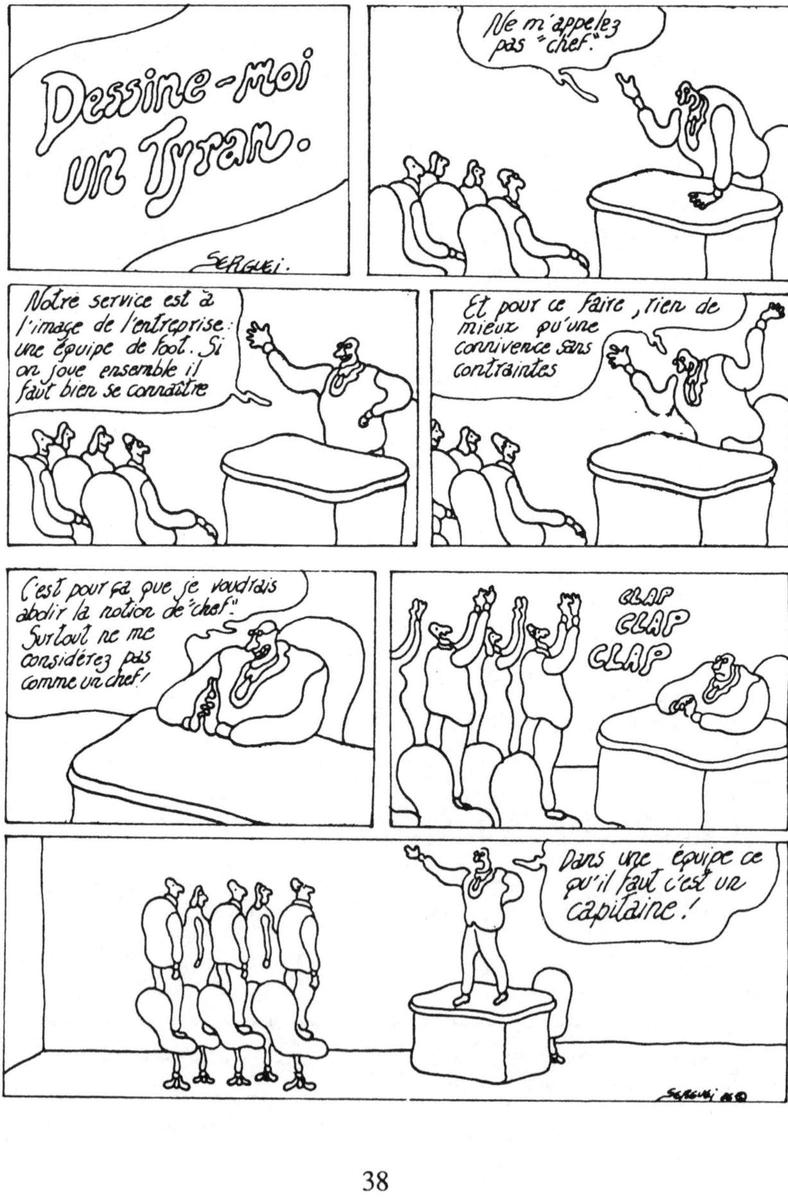

Serguei, *La vie exemplaire de l'employé de bureau*, © Ed. Denoël

Ensuite, le Chef a un souci : la rentabilité. C'est pourquoi le Chef ne pense qu'à l'argent :

Dans le meilleur des cas, il sait voir que derrière les hommes, il y a des dollars. Et (parfois) réciproquement ....

$ocial

Au fait, connaissez-vous cette parabole :

QUI DEVRAIT ETRE CHEF ?

Quand le corps humain fut créé, toutes les parties voulaient être Chef.

Le cerveau disait : Puisque je pense pour tout le monde, je devrais être le Chef. Les pieds disaient : Puisque nous transportons le corps là où il le désire et lui permettons ainsi de faire ce que veut le cerveau, nous devrions être le Chef. Les mains disaient : Puisque nous faisons tout le travail et gagnons de l'argent pour entretenir tout le corps, nous devrions être le Chef. Et ainsi de suite pour le cœur, les yeux, les oreilles et les poumons. Enfin, le trou du c... se fit entendre et demanda à être le Chef.

Les autres parties du corps éclatèrent de rire à l'idée qu'un trou du c... puisse être le Chef. Le trou du c... se mit en colère, se referma sur lui-même et refusa de fonctionner.

Bientôt le cerveau devint fiévreux, les yeux se croisèrent et devinrent vitreux, les pieds étaient trop faibles pour marcher, les mains pendaient sans force, le cœur et les poumons luttaient pour survivre.

Alors tous supplièrent le cerveau de se laisser fléchir et de permettre au trou du c... d'être élu Chef. Ainsi fut fait. Toutes les autres parties du corps faisaient le travail, tandis que le trou du c... dirigeait tout le monde et s'occupait principalement de la m... , comme tout chef digne de ce nom.

REMARQUE :
La race des chefs trous du c... a très naturellement engendré la race des lèche-c...

ET EN PLUS, ÇA MARCHE !
J'ai pris des trous du c..., j'en ai fait des ministres, et j'ai gagné la guerre !

(paroles attribuées à Clémenceau)

MORALITE :

Il n'est nullement nécessaire d'être un cerveau pour devenir Chef, un trou du c.... a d'ailleurs nettement plus de chance. Regardez autour de vous pour en être convaincu ...

Le Chef donne des ordres :

Auparavant, il a soigneusement REFLECHI et CONSULTE :

- *REFLECHIR : Attendre quelques jours avant de ne pas changer d'avis.*
- *CONSULTER : Façon respectueuse de demander à quelqu'un d'être de votre avis.*

(Barenton, Petit Lexique industriel)

Il sait de toutes façons que toutes les fois qu'il désigne quelqu'un de l'index, il y a trois autres doigts qui se retournent vers lui, comme pour le désigner lui-même et lui dire : Et toi ?

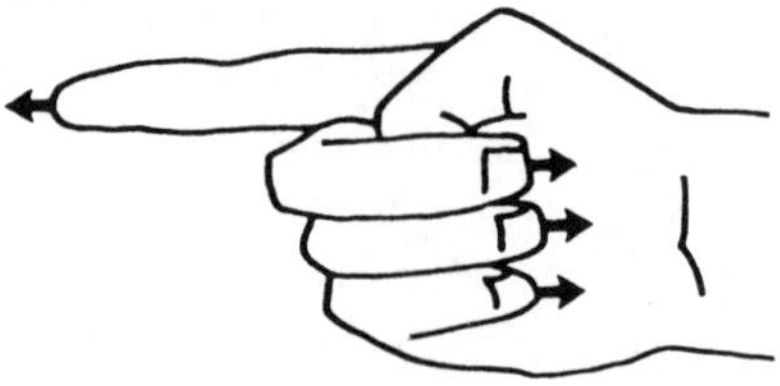

Remarque : Certains représentent la main avec le pouce tourné vers le ciel : Prions Dieu pour que l'ordre soit exécuté !

Il ne se contente pas de "coups de gueule", du genre de ces 12 commandements :

YAKA	**YFOLEFERFER**
YAVEKA	**YRESKA**
YORAKA	**YAPUKA**
YANAPA	**YAKAPA**
YZONKA	**YNOUFON**
YFOKON	**YAPA**

Le plus connu des 12 est certainement le premier, sur lequel Jacques Perret a écrit ces lignes qu'il faut connaître (1) :

Nous tirons également beaucoup de satisfaction de la formule: YAKA. Certes, l'invention n'est pas de nous. Il s'agirait d'une contraction magique de la tournure grammaticale : il n'y a qu'à. D'où qu'il vienne, je connais peu de gens assez forts pour mépriser les avantages du YAKA. Poli et mis au point au cours des âges, ce YAKA est sans doute un des maîtres mots du génie français ; il a tempéré nos mœurs et guidé notre histoire, résolu maints problèmes domestiques et présidé aux conseils de l'Etat.

Certains auteurs font remonter le YAKA aux origines de la philosophie hindoue ; ce serait la dernière étape du sage avant le nirvana, et c'est un fait que, même sous nos cieux peu favorables aux avachissements sacrés, de YAKA en YAKA nous pourrions atteindre aux apathies suprêmes. D'autres soutiennent l'hypothèse d'un YAKA hellénique. Selon eux, Hercule aurait appris de sa mère Alcmène le fabuleux pouvoir du YAKA et chacun de ses douze travaux aurait été accompli à la faveur d'un traitement préalable au YAKA. De toute manière l'efficacité du YAKA a été considérablement amoindrie par l'usage vulgaire et, dans certains cas, avili.

Arrivés à échéance, la plupart des problèmes résolus à coup de YAKA dans l'euphorie du pousse-café prennent leur revanche. Revanche aussitôt contrée, il est vrai, par l'intervention immédiate et spontanée du YAVAIKA, produit naturel du YAKA, de telle sorte que ledit problème, coincé entre YAKA et YAVAIKA, s'évanouit dans le dérisoire ou se désagrège dans le fictif.

(1) *Rôle de plaisance*, © Ed. Gallimard

Pour diriger les hommes, marche derrière eux (Lao Tseu)

Mais le Chef ne donne pas seulement des ordres, il donne aussi l'exemple :

Il sait bien, avec La Rochefoucault, que *rien n'est plus contagieux que l'exemple.* Il prend bien soin d'expliquer le pourquoi de ce qu'il fait, pour éviter ce genre de déboires :

et il veille aussi à s'appliquer d'abord à lui-même tout changement qu'il demande à ses subordonnés, même si cela lui est pénible (car, comme le disait Lénine : *l'artichaut se mange feuille à feuille, mais les premières sont les plus difficiles à manger*). Qu'on le veuille ou non, un escalier se balaie en commençant par le haut, et le multibalai de Carelman est, hélas, un *objet introuvable* !

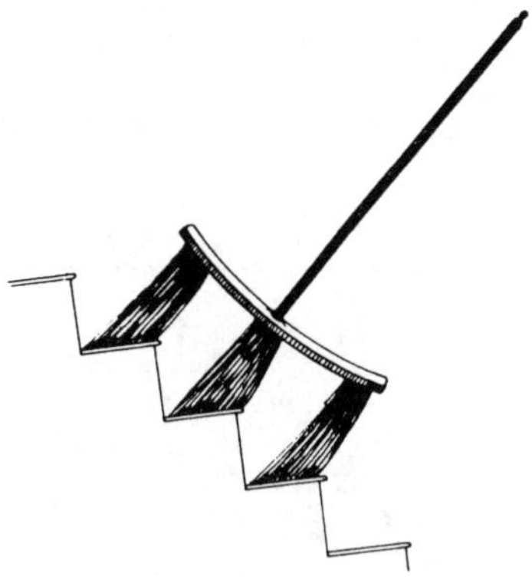

Multibalai. *Nettoie trois marche d'un coup*

A côté des *grands chefs*, il y a aussi les *petits chefs* :

Ces petits chefs ne sont pas dans une position confortable :

L'intermédiaire hiérarchique est un martyr de la société. Il a reçu tellement de coups de pied au cul de la part de ses supérieurs qu'il ne peut plus s'asseoir, et il en a tellement donné à ses inférieurs qu'il ne peut plus marcher (F. Dard)

Vous n'êtes pas Chef ?

Consolez-vous avec Ph. Crosby : *Vous n'atteindrez jamais un poste où vous n'aurez plus de supérieurs, alors apprenez à être un bon subordonné ...*

Et rappelez vous qu'en épelant le mot HIERARCHIE, on entend, au début et à la fin : *A ch ... , c'est à ch...* !

❑❑❑❑❑

On ne forme pas les Directeurs, on les informe (M. Trembelland)

Achille Perceau DRH

Carnet de Dessins

Et ce matin, qu'est-ce qu'y m'dit,
à moi, le contremaître ?

L'AUTORITÉ

Direction des Ressources Humaines

Client-roi

On ne répètera jamais assez que le Client doit être servi comme un Roi. Mais depuis 1789 les Rois se font rares, et nous avons un peu perdu l'habitude de leur fréquentation. Certes quelques comportements innés hérités de la nuit des temps (de la monarchie) nous donnent des réponses inconscientes à nos questions. Mais est-ce suffisant ?

Voici quelques conseils, en complément, dont l'objet est de vous permettre d'être un bon sujet.

Le Sujet saura ce que veut son Roi sans même qu'il l'ait exprimé, et lui donnera exactement ce qu'il attend.

Il se méfiera en particulier de tous les intermédiaires susceptibles de faire des interprétations déformant sa pensée…

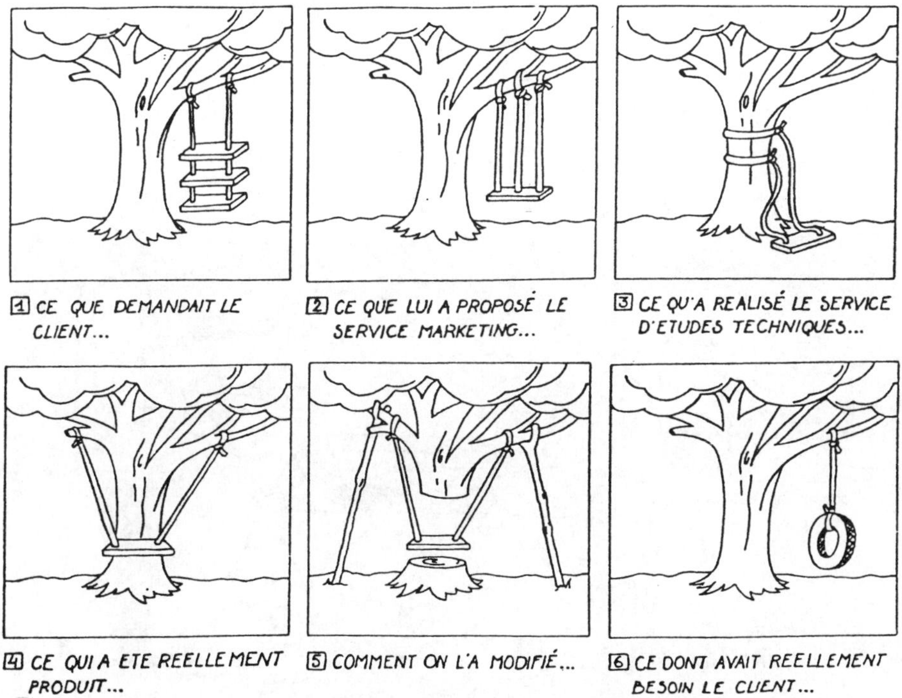

La gentillesse est l'élément le plus bas du prix de revient (Proverbe périgourdin).

Il veillera à bien parler le même langage que lui :

---

1 client de perdu, 10 à retrouver ! (un client mécontent)

Il sera poli…

Ce qu'il ne faut pas dire :	Ce qu'il faut dire :
- Et puis quoi encore ?	- Y a-t-il autre chose que je puisse faire pour vous ?
- Non.	- Peut-être, il faut voir.
- C'est votre problème, pas le mien.	- Voyons cela ensemble.
- Combien de fois faut-il vous le dire ?	- Voulez-vous que je vous réexplique ?
- Vous n'avez qu'à écrire au patron pour vous plaindre.	- Nous tenons compte de chaque lettre qui nous est adressée
- Prenez la file.	- Il y a déjà des personnes qui attendent.
- C'est fermé, je vous dis !	- Je suis désolé, nous fermons. A demain !
- On ne va pas changer nos habitudes pour vous faire plaisir !	- J'aimerais vous faire plaisir, mais…
- C'est comme ça !	- Il m'est difficile de faire autrement.
- Vous avez de la chance, c'est le dernier	- Il m'en reste juste un : il était pour vous !
- Vous n'avez pas lu l'affiche ?	- C'est affiché, mais je peux vous le lire.
- Au revoir.	- Au revoir, bonne journée.

… sans être obséquieux :

Idem au téléphone :

– Bonjour, cher Monsieur Tricanton ! Ravi de vous entendre, cher Monsieur Tricanton ! Comment allez-vous, Monsieur Tricanton ?...

<u>Ce qu'il ne faut pas dire :</u>	<u>Ce qu'il faut dire :</u>
- Je ne suis pas à votre service !	- Je suis à votre service.
- Que voulez-vous que ça me fasse ?	- Je vous comprends, mais...
- Vous voyez bien que vous êtes au mauvais poste !	- Qui demandez-vous ? je vais vous le passer.
- Rappelez plus tard !	- Vous savez, je ne suis pas le seul à décider.
- Et après, c'est moi qui me fais attraper.	- Laissez un message, quelqu'un vous rappellera.
- Au revoir.	- Au revoir, merci d'avoir appelé.
- Vous pouvez me le confirmer par écrit ?	- J'en ai pris bonne note. Je fais le nécessaire.
- Quittez pas !	- Merci de rester en ligne.
- C'est vous qui avez déjà appelé trois fois ?	- Je crois que nous avons déjà été en contact ?

Quand les marchandises reviennent, le client s'en va... (un magasinier)

Surtout il évitera toute source de mécontentement :

– Si, si, on m'a bien livré mes chemises, mais ce que j'aimerais savoir, c'est quand votre blanchisserie compte me livrer les boutons !

Au contraire, il sera toujours prêt à rendre service :

– Nous assurons le service après-vente !

❑❑❑❑❑

Achille Perceau DRH

Carnet de Dessins

C'est un nouveau, je ne le connais pas,
mais j'aime sa façon d'entrer dans le bureau !

L'OPEN DOOR MANAGEMENT

DIRECTION DES RESSOURCES HUMAINES

HEUREUX QUI COMMUNIQUE ...

Une bonne Communication est une des clefs de la Qualité Totale.

Dans COMmunIQUEr, il y a COMIQUE : la Communication est un champ privilégié d'exercice de l'Humour, constat qui à lui seul justifierait l'existence de ce livre...

Voici, à travers quelques citations, quelques points de vue sur la Communication.

SAVOIR PARLER ...

Les non-cons communiquent. Les cons parlent (F. Dard)

Un conseiller d'Etat suisse a un jour déclaré lors d'une interview à la télévision qu'il avait constaté que pour avoir une vie familiale heureuse il fallait qu'il dise au moins 3.OOO mots par jour à sa femme et réciproquement. Nous appuyant sur cette déclaration, nous créerions volontiers le concept industriel de discours minimum interprofessionnel garanti *ou* D.M.I.G., *qui assurerait que chaque travailleur serait pris dans un réseau de communication minimal grâce auquel son besoin de mutualité serait satisfait...* (Michel Fustier)

COMMUNICATION INTERNE
ET TAILLE DE L'ENTREPRISE

Nombre de niveaux hiérarchiques (h)	3	6
Nombre de subordonnés par chef (s)	2	3
Nombre de personnes n ($s_0 + s_1 + ... + s_h$)	15	1 093
Nombre d'interfaces (1/2 n [n-1])	105	596 778

Sans commentaires !

Je dis ce que je pense qu'il faut dire pour avoir l'air de dire ce que je pense (F. Dard)

La parole est moitié à celui qui parle, moitié à celui qui écoute (Montaigne)

... MAIS AUSSI SAVOIR SE TAIRE !

Il y a des gens qui parlent jusqu'à ce qu'ils aient trouvé quelque chose à dire (Sacha Guitry)

Parler pour ne rien dire et ne rien dire pour parler sont les deux principes majeurs et rigoureux de tous ceux qui feraient mieux de la fermer avant de l'ouvrir (P. Dac)

SURTOUT SAVOIR ECOUTER ...

La nature a doté l'homme d'une langue et de deux oreilles, pour qu'il écoute deux fois plus qu'il ne parle (Zénon).

Give every man thine ear, but few thy voice (Polonius, dans Hamlet)

Il faut écouter beaucoup et parler peu pour bien agir (Richelieu)

Béni soit celui qui, n'ayant rien à dire, s'abstient d'en donner la preuve en paroles (Georges Eliot)

... ET SE FAIRE COMPRENDRE !

I know you believe you understand what you think I said, but I am not sure you realize that what you heard is not what I meant (Je sais que vous croyez que vous comprenez ce que vous pensez que j'ai dit, mais je ne suis pas sûr que vous réalisez que ce que vous avez entendu n'est pas ce que je voulais dire)

On doit choisir entre s'écouter parler et se faire entendre (F. Dard)

Je ne comprends vraiment ce que j'ai voulu dire que lorsqu'on m'a répondu (N. Wiener).

❑❑❑❑❑

QUE COMPRENEZ-VOUS ?

- Les investissements ont été arrêtés (1)
- La réparation n'est pas payante (2)
- On veillera à ce que les salaires soient bien supérieurs au mini (3)

(1) stoppés ou décidés ?
(2) gratuite ou trop chère ?
(3) très supérieurs ou effectivement supérieurs ?

L'exercice du pouvoir rend les chefs sourds et les subordonnés muets (Yannick Bonnet)

LECTURE

HISTOIRE DE CHAT

PROCES-VERBAL - L'ingénieur a marché sur la queue du chat, le chat l'a mordu.

COMPTE-RENDU DE L'ANIMATEUR SECURITE AU CHEF DE SECTION - L'ingénieur a marché sur la queue du chat, le chat l'a mordu. Conclusion : l'ingénieur souffre et il ne peut plus marcher.

RAPPORT DU CHEF DE SECTION AU CHEF DE DEPARTEMENT - Ce c... d'ingénieur a marché sur la queue d'un brave chat. Le chat l'a mordu, et il a eu raison. L'ingénieur souffre, c'est bien fait pour ses pieds. Il ne peut plus marcher, c'est une bonne occasion pour le foutre à la porte.

RAPPORT DU CHEF DE DEPARTEMENT AU CHEF DE DIVISION - D'après le Chef de Section, nous avons un ingénieur qui est un c..., et qui souffre des pieds après avoir marché sur la queue d'un brave chat qui l'avait mordu. D'après le Chef de Section, c'est le chat qui a raison. Nous partageons l'opinion du Chef de Section, car, même si on est mordu, ce n'est pas une raison pour marcher sur la queue des autres. Nous envisageons de mettre cet ingénieur à la porte.

RAPPORT DU CHEF DE DIVISION AU DIRECTEUR DES ETUDES - D'après le Chef de Département, le Chef de Section est devenu c... parce qu'un de ses ingénieurs ne pouvait plus marcher, à la suite d'une altercation avec un chat. Le Chef de Section indique que c'est le chat qui a raison puisque c'est l'ingénieur qui a bravé le chat en lui mordant la queue. Le Chef de Département veut mettre l'ingénieur à la porte. A la réflexion cette décision pourrait déboucher sur un procès, et ce serait folie dans le contexte social actuel. La meilleure solution consisterait à mettre le Chef de Section à la porte.

RAPPORT DU DIRECTEUR DES ETUDES AU P.D.G. - Un Chef de Département est devenu fou parce que son Chef de Section a écrasé la queue d'un ingénieur qui avait mordu son chat. Le Chef de Section prétend que c'est le chat qui a raison. De toute évidence, ce Chef de Section est c... , et le Chef de Division envisage de le mettre à la porte. Toutefois, l'expérience a prouvé que les cons n'ont jamais entravé la bonne marche de l'entreprise. C'est pourquoi nous pensons qu'il est préférable de nous séparer du Chef de Département.

RAPPORT DU P.D.G. AU CONSEIL D'ADMINISTRATION - Un Directeur des Etudes me signale qu'un chat est à l'origine de troubles graves au sein de l'entreprise. Les Chefs de Section deviennent de plus en plus c... . Ils se mordent la queue en marchant et veulent avoir raison des Chefs de Département qui sont devenus fous.

Le Chef de Division a écrasé un ingénieur et le Directeur des Etudes traumatisé prétend que seuls les c... sont capables de maintenir la bonne marche de l'entreprise. Nous envisageons de le mettre en retraite anticipée.

Si le chef est le seul à savoir à quel jeu on joue, il est évidemment le seul qui puisse gagner (Philip Crosby)

Achille Perceau DRH
Carnet de Dessins
De quoi vous plaignez vous, Martin ? En fin de compte on va partager le même bureau !
Serguei, La vie exemplaire de l'employé de bureau, © Ed. Denoël
LA CONVIVIALITÉ
DIRECTION DES RESSOURCES HUMAINES

L'IMMACULEE CONCEPTION

Qui veut construire
D'abord étudie le terrain, puis fait un tracé du projet,
Et quand il a vu comment la maison se présente,
Il lui faut évaluer les frais de construction,
Et s'il découvre qu'ils passent ses moyens,
Que faire alors, sinon tracer un autre plan
Plus étroitement aménagé, ou même
Renoncer tout à fait à bâtir

Shakespeare *(Le roy Henry)*

20 000 ducats pour un sondage de terrain ?
Troppo caro ! (1).

---

(1) On dit que ce manque de rigueur lors de la conception de la Tour a coûté très cher. Ce n'est peut-être pas l'avis des habitants de Pise : tenanciers de *trattorie, pizzerie, ristoranti, alberghi,* vendeurs de *gelati* et autres *cartoline* ? Comme quoi le malheur des uns fait le bonheur des autres... jusqu'à ce jour de 1990 où la Tour, menaçant vraiment de tomber, soit interdite aux touristes !

De même que, si l'on en croit Boileau, ce que l'on conçoit bien s'énonce clairement, de même un produit bien conçu a toutes chances de donner satisfaction. L'étape de la conception dans la vie d'un produit est l'une des plus importantes : tout défaut à ce niveau va coûter très cher plus tard. Une conception sans tache est donc le secret de la Qualité obtenue au meilleur coût.

Comment éviter la faute originelle, comment réaliser une conception *immaculée* ? Ne comptez pas sur le Saint-Esprit ! Il vaut bien mieux se fier à des techniques qui on fait leurs preuves, appliquer ces quelques règles élémentaires que les ingénieurs de Bureaux d'Etudes connaissent bien (ou devraient bien connaître ...) : Revue de Projet, AMDEC, Analyse de la Valeur, etc. N'écoutez donc pas ceux qui disent :

La Conception se caractérise par l'absence de règles.

C'est archi-faux ! La naissance des produits nouveaux implique toujours une parfaite maîtrise de la Conception.

Le but de ce court chapitre n'est pas de rappeler ces règles, mais seulement de montrer, par quelques illustrations, les graves conséquences que l'on encourt à ne pas les appliquer.

Nous avons pu remonter jusqu'à l'origine : une équerre tordue au bureau de dessin ...

C'est vous le type qui a économisé 5 dollars sur les essais de la pompe à essence ?

Le décalage sur le plan, c'était bien à la photocopie

❑❑❑❑❑

Achille Perceau DRH

Carnet de Dessins

Bienvenue dans la maison, Durand, et n'oubliez pas notre devise : une erreur et c'est la porte !

L'ACCUEIL DES NOUVEAUX EMBAUCHÉS

DIRECTION DES RESSOURCES HUMAINES

CONSULTANT :
LE PLUS VIEUX METIER DU MONDE ?

- Voici notre rapport. La manière la plus simple pour vous de résoudre votre problème de qualité est de vendre la société !

L'apparition de cette nouvelle forme de management qu'est la Qualité Totale s'est accompagnée d'une floraison de nouveaux cabinets-conseils se disant spécialisés dans cette nouvelle technique.

Quiconque entend parler de management devrait ouvrir son sottisier et fermer son carnet de chèques . (G. Elgozy)

On aurait tort de croire cependant que l'activité de Consultant (1) est récente, et ne date que de l'industrialisation. Une étude attentive des Livres Sacrés a fait en effet apparaître qu'elle existait déjà bien avant l'ère chrétienne, puisque Jéthro (2), le beau-père de Moïse, l'exerçait au profit de son gendre.

Voici le passage en question, tiré de l'EXODE (XVIII, 13 – 27), accompagné d'une exégèse appropriée (3) :

Le lendemain, Moïse s'assit pour juger le peuple, et le peuple se tint devant lui ...	*Ainsi commence une de ces réunions directives...*
... depuis le matin jusqu'au soir.	*... qui n'en finissent pas.*
Le beau père de Moïse... ...voyant tout ce qu'il faisait pour le peuple,	*C'est le Président de JETHRO-CONSULTANTS S.A. Il a tôt fait d'observer que son client est de ces dirigeants qui "portent leur maison à bout de bras".*
...lui dit : "Que fais-tu là ? Pourquoi sièges-tu seul et tout le peuple se tient-il devant toi depuis le matin jusqu'au soir ?"	*Alors forcément ce sont des hommes seuls, de qui tout dépend, et leurs collaborateurs ne prennent d'autre initiative que d'attendre les ordres.*
Moïse répondit à son beau-père : "C'est que le peuple vient à moi pour consulter Dieu. Quand ils ont quelque affaire, ils viennent à moi ; ...	*« Ils me prennent pour le Bon Dieu, dit Moïse, ils sont incapables d'initiative, et ils viennent tout demander ! »*
...je prononce entre eux, en faisant connaître les ordres de Dieu	*« Alors je prends toutes les décisions...*
...et ses lois.	*...et leur explique comment les exécuter. »*
Le beau-père de Moïse lui dit : "Ce que tu fais n'est pas bien. Tu succomberas certainement, et le peuple avec toi...	*Si tu ne mets pas ta maison en faillite, tu mourras d'un infarctus sans avoir préparé ta succession : drôle de responsabilité ! ...*

(1) Le terme de consultant peut prêter à confusion. En effet, un consultant est un Monsieur qui consulte, c'est à dire qui sollicite des conseils, et non pas qui en donne ! Une étymologie qui devrait rappeler à la modestie beaucoup d'entre eux...

(2) N.D.L.R. : Ne pas confondre avec la JETRO, Japan External Trade Organisation (Organisation japonaise du Commerce Extérieur).

(3) Texte de Gérard Colcombet.

Petites Annonces : "Conseilleurs cherchent payeurs pour les conseiller en toute impunité". (P. Dac)

QU'EST-CE QU'UN EXPERT ?

"UN EXPERT EST UN HOMME QUI SAIT BEAUCOUP DE CHOSES SUR DES SUJETS TRES LIMITES, ET QUI, SACHANT DE PLUS EN PLUS DE CHOSES SUR DES SUJETS DE PLUS EN PLUS LIMITES, FINIT PAR TOUT SAVOIR SUR RIEN.

UN MANAGER EST UN HOMME QUI SAIT PEU DE CHOSES SUR UN GRAND NOMBRE DE SUJETS, ET QUI, SACHANT DE MOINS EN MOINS DE CHOSES SUR UN NOMBRE DE PLUS EN PLUS GRAND DE SUJETS, FINIT PAR RIEN SAVOIR SUR TOUT."

Les Managers et ces Experts que sont les Consultants devraient donc finir un jour par bien s'entendre !

...Car la tâche est au-dessus de tes forces, et tu ne saurais y suffire seul...

...Tu n'es pas le Père Eternel, tu ne t'en sortiras jamais seul. N'entraîne pas ton peuple dans ta faillite !...

...Maintenant, écoute ma voix, je vais te donner un conseil, ...

Le Président de la JETHRO–CONSULTANTS a "posé son diagnostic". Mais il précise aussitôt que son conseil restera sans effet s'il n'y a pas, comme on dit, "un engagement personnel" du chef d'entreprise.

...et que Dieu soit avec toi !

Formule bien méditerranéenne, équivalente de notre "Aide-toi, le Ciel t'aidera".

...Toi, sois le représentant du peuple auprès de Dieu, et porte les affaires devant Dieu.

Pour commencer, rôle et compétence du chef d'entreprise. Tu n'es pas Dieu, mais un homme responsable - devant Dieu et la Société - d'autres hommes.

Apprends-leur les ordonnances et les lois,

Donne-leur des objectifs,

...et fais-leur connaître la voie qu'ils doivent suivre et ce qu'ils doivent faire.

et des missions.

Maintenant, choisis parmi tout le peuple des hommes capables, et craignant Dieu, des hommes intègres, ennemis de la cupidité,

Si tu connais tes collaborateurs, tu en trouveras certainement qui soient des gens capables et dignes de confiance.

Il faut toujours se servir des experts, et prendre leur avis. Mais quand on l'a, on peut le garder pour soi. (Barenton)

L'EFFET ZORRO

Il y a trois effets pervers associés à la Qualité :

L'EFFET JOURDAIN : Nous faisons de la Qualité depuis toujours sans le savoir, il n'y a donc pas lieu de changer quoi que ce soit !

L'EFFET COLOMB : La Qualité, c'est comme l'œuf de Christophe Colomb, c'est si simple et si évident, comment n'y avons-nous pas pensé plus tôt ?

L'EFFET ZORRO : C'est moi, le Consultant, j'arrive ! Vous vous y prenez mal et je vais vous dire ce qu'il faut faire !

... et établis-les sur eux comme chefs de milliers, chefs de centaines, chefs de cinquantaines, et chefs de dizaines.

Construis un bel organigramme. Attention : pas un "mille-pattes" , mais une belle pyramide.

(...)

Tu garderas Aaron en "staff" (c'est tellement évident que le rédacteur n'a pas jugé utile de reproduire cette phrase).

... Ils jugeront le peuple en tout temps,

Les décisions se prendront en temps réel, comme diraient les informaticiens. Donc, pas besoin d'attendre la prochaine réunion.

...porteront devant toi toutes les causes importantes, et décideront eux-mêmes dans les petites causes.

Si tu leur délègues tes pouvoirs en fonction de leurs aptitudes, ils ne te dérangeront que quand ça en vaudra la peine.

Allège ta charge, et qu'ils la portent avec toi.

Qu'ils prennent eux aussi leurs reponsabilités : comme ils se fient à toi, fie-toi à eux ; comme leurs affaires sont les tiennes, la tienne sera la leur.

Si tu fais cela et que Dieu te donne des ordres,

Dieu se faisant connaître ou, plus généralement, faisant connaître son mécontentement, par les tempêtes, la maladie, la guerre – nous dirions aujourd'hui les "réactions de l'environnement" – obéir aux ordres de Dieu, c'est réagir positivement pour le progrès du peuple.

tu pourras y tenir...

Tu pourras même prendre des vacances, qui sait ?

Une mauvaise expérience vaut mieux qu'un bon conseil. (P.Valéry)

...et tout ce peuple aussi viendra en paix en son lieu."

Et ça ira bien pour tous.

Moïse écouta la voix de son beau-père, et fit tout ce qu'il avait dit. Moïse choisit dans tout Israël des hommes capables, et il les préposa au peuple comme chefs de milliers, chefs de centaines chefs de cinquantaines et chefs de dizaines. Ils jugeaient le peuple en tout temps ; ils portaient devant Moïse toutes les affaires graves, et décidaient eux-mêmes pour les petites causes.

Ca marche ! ...

Moïse prit congé de son beau-père, et Jéthro s'en retourna dans son pays.

Fin de la mission de l'Organisateur.

❑❑❑❑❑

Note de l'éditeur

Ce chapitre est plutôt sévère pour les Conseils. Il en existe pourtant qui font un excellent travail...

Cette remarque est l'occasion de signaler un module de formation-action dans le domaine de la Qualité Totale, à l'élaboration duquel l'auteur a été étroitement associé, et qui s'est révélé à l'usage particulièrement performant. Il s'agit du module QUIMM. Créé et proposé par l'UIMM (Union des industries métallurgiques et minières, 56 avenue de Wagram, 75016 Paris), d'où son nom, c'est un module intra-entreprise qui, avec son suivi ADA-QUIMM (Auto-Diagnostic Accompagné) et PAQ (Plan d'Action Qualité), permet d'engager toute l'entreprise dans une démarche de progrès durables et concrets.

Il est toujours idiot de donner des conseils, mais en donner de bons est absolument fatal. (O. Wilde)

Achille Perceau DRH

Carnet de Dessins

Je suis désolée, Monsieur, mais il semble que nous ayons égaré votre inscription !

LA VERTU DE L'EXEMPLE

DIRECTION DES RESSOURCES HUMAINES

CONTROLE S.V.P.

Les gens peuvent se classer en 3 catégories :

- ceux qui font que les choses se passent
- ceux qui surveillent que les choses se passent
- et ceux qui se demandent ce qui a bien pu se passer.

Les Contrôleurs appartiennent plutôt à la deuxième catégorie.

Question : Qu'est-ce qu'un Contrôleur ?

Réponse : Un Contrôleur est un monsieur qui contrôle (On distingue le contrôleur de fabrication, le contrôleur des Wagons-Lits, le contrôleur général, et le contrôleur des contributions)

Question : En quoi consiste le Contrôle ?

Réponse : Le Contrôle consiste à contrôler (On distingue le contrôle réception et le contrôle final (1), le contrôle a priori et le contrôle a posteriori, le contrôle des billets SVP, le contrôle sanitaire, le contrôle de soi, le contrôle d'identité, le contrôle à 100 % et le contrôle destructif)

Question : Qu'est-ce que Contrôler ?

Réponse : Contrôler, c'est vérifier la conformité aux spécifications.

Si vous voulez un échantillon, payez, comme tous nos clients

(1) C'est rigoureusement la même chose, tout dépend du point de vue auquel on se place.

1er RAISONNEMENT

– Si les spécifications sont claires et réalistes
– Si les procédés permettent de les obtenir normalement
– Si les équipements sont entretenus
– Si les opérateurs connaissent les procédures de fabrication
– S'ils ont été formés convenablement à les appliquer
– S'ils connaissent les procédures de contrôle
– S'ils ont été formés convenablement à les appliquer
– S'ils disposent d'un matériel de contrôle étalonné
– S'ils savent à quoi sert ce qu'ils font
– Si le nécessaire a été fait pour qu'ils se sentent motivés

alors les produits sortiront automatiquement conformes aux spécifications, et donc **le contrôleur fera le travail en double** (2).

2ème RAISONNEMENT

Le Contrôleur, dans son rôle d'intermédiaire entre le Fournisseur et le Client, peut se trouver en face des 4 situations suivantes (3):

1. *La marchandise est bonne et le Contrôleur l'accepte.*

Puisqu'elle est bonne, le Client l'aurait acceptée ; on ne voit pas ce que vient faire là un intermédiaire (voir ci-dessus).

2. *La marchandise est bonne et le Contrôleur la refuse.*

Le Fournisseur est, à juste titre, mécontent et le Contrôleur aurait mieux fait de rester chez lui !

3. *La marchandise est mauvaise et le Contrôleur l'accepte.*

Vous aviez raison, il n'y a que 999,75 m sur la bobine

(2) Il faut reconnaître qu'il y a beaucoup de Si...
(3) C'est le fameux paradoxe du Contrôleur.

Cette-fois, c'est le Client qui est mécontent et le Contrôleur qui n'y a rien vu est donc parfaitement inutile (voir ci-après le 3ème raisonnement).

4. *La marchandise est mauvaise et le Contrôleur la refuse.*

Le Fournisseur est mécontent de se voir refuser sa marchandise et le Client est mécontent de ne pas recevoir la livraison qu'il attendait. Beau succès pour le Contrôleur de réussir à mécontenter tout le monde !

Cas d'un contrôle final, gustatif, statistique et ... destructif

Donc le Contrôleur ne peut pas être motivé puisqu'il n'est pas heureux, et **il ne fera pas du bon travail**.

Et qu'est-ce que c'est que cette Société qui fabrique des aigris ?

3ème RAISONNEMENT

Vous êtes Contrôleur et vous avez à déceler des fautes, représentées par le nombre de "F" dans le texte suivant. Vous lisez à vitesse normale en comptant le nombre de "F" que vous rencontrez :

THE NECESSITY OF TRAINING FARM HANDS FOR FIRST CLASS FARMS IN THE FATHERLY HANDLING OF FARM LIVESTOCK IS FOREMOST IN THE MINDS OF FARM OWNERS. SINCE THE FOREFATHERS OF THE FARM OWNERS TRAINED THE FARM HANDS FOR FIRST CLASS FARMS IN THE FATHERLY HANDLING OF FARM LIVESTOCK, THE FARMS OWNERS FEEL THEY SCHOULD CARRY ON WITH THE FAMILY TRADITION OF TRAINING FARMS HANDS OF FIRST CLASS FARMS IN THE FATHERLY HANDLING OF FARM LIVESTOCK BECAUSE THEY BELIEVE IT IS THE BASIS OF GOOD FUNDAMENTAL FARM MANAGEMENT. MOST OF THE FUTURE FARMS OF THE FUTURE ARE OFFSPRINGS OF PRESENT DAY FARMERS.

(Réponse page 188)

Autre exemple : lisez à vitesse normale ces deux phrases :

**LA CONCIERGE
REVIENT DE
DE SUITE**

**LA CLEF
EST SOUS LE
LE PAILLASSON**

Relisez ensuite avec attention. Que constatez-vous ? Que vous avez lu la première fois ce que vous vous attendiez à lire, et pas ce qui est réellement écrit (pour plus amples explications, voir page 188)

Il y a aussi la pression de l'environnement, les erreurs qu'on laisse passer en croyant bien faire ("pour le bon motif"), les produits très complexes (où l'efficacité du Contrôle peut tomber à 20 % !), la mauvaise vue, la fatigue, ... Il y a aussi la trop grande confiance en soi. Par exemple vous croyez connaître parfaitement la spécification parce que vous en avez une fréquentation quotidienne : sauriez vous, de mémoire, remettre à leur place les chiffres de la calculette que vous utilisez tous les jours ?

Donc **le Contrôleur se trompe**.

CONCLUSION GENERALE

Qu'a-t-on à faire de quelqu'un qui fait le travail en double, qui n'est pas motivé et qui se trompe ?

Remarque : C'est bien pour cela que l'on rencontre de moins en moins de Contrôleurs ...

❑❑❑❑❑

Honnêtement, Chef, je pense que c'est la seule façon de tester la crème solaire en conditions réelles

PETITES ANNONCES : ***On demande personne sachant très bien compter jusqu'à 10 pour vérification des doigts dans une fabrique de gants*** (Pierre Dac)

Achille Perceau DRH

Carnet de Dessins

Chef, tous les contrôleurs sont à leur poste !

LA RESPONSABILISATION

DIRECTION DES RESSOURCES HUMAINES

Y A COMME UN DEFAUT ...

DEFAUTS CHRONIQUES ET DEFAUTS SPORADIQUES

Y *a comme un défaut*, disait le regretté Fernand Raynaud à son tailleur. Mais qu'est-ce qu'un défaut ? On parle de défaut, d'erreur, de faute... La terminologie est loin d'être claire ! Pierre Dac faisait déjà remarquer qu'*une erreur peut être vraie ou fausse, suivant que celui qui l'a commise s'est trompé ou non*. Et Paul Valéry, qu'*un homme compétent est un homme qui se trompe suivant les règles...*

Ce qui est sûr, c'est qu'il existe au moins deux sortes de défauts : les défauts chroniques et les défauts sporadiques. Pour faire comprendre la différence entre ces deux catégories, Juran a l'habitude de raconter l'histoire (vraie ?) suivante :

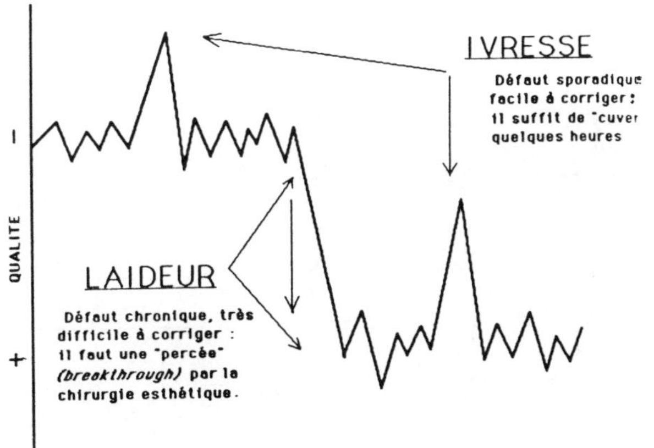

A la fin d'un repas, Churchill, qui avait un peu bu, s'entend apostropher par sa voisine de table, Lady Astor, qui est aussi son ennemie intime :

- Vous dites n'importe quoi ! Et d'abord vous êtes ivre.

- Je suis peut-être ivre, Madame. Mais demain je ne le serai plus. Alors que vous , vous serez toujours laide !

PETITES ANNONCES :
Cause erreur diagnostic médical, revends cercueil bon état.
Vends usine et stock de chaussettes trouées. Reprise justifiée (P. Dac).

DE L'UTILITE DES ERREURS

Les erreurs, et donc les défauts qu'elles peuvent provoquer, n'ont pas que des effets négatifs. On ne compte plus les inventions géniales nées d'une erreur : la plus connue est celle du papier buvard, due à un ouvrier qui avait oublié de mettre la colle dans la pâte à papier.

Un défaut est un trésor, dit un proverbe japonais, explicitant notre maxime : *A quelque chose malheur est bon.* Tandis que Publius Syrus allait dans le même sens qui écrivait dans ses Sentences (1er siècle avant J.C.) : *Le lendemain s'instruit aux leçons de la veille.*

Plus près de nous, Paul Claudel affirme : *L'erreur est essentielle à l'humanité, c'est un élément de progrès et de découverte ; qui élimine l'erreur élimine la recherche, cette provocation à l'inconnu et à l'inattendu, quelque chose d'étranger à qui nous fournissons le moyen d'intervenir.*

De toutes façons, comme le dit F. Dard : *Il vaut mieux se tromper en allant de l'avant que d'avoir raison en reculant !*

De bien belles citations, qui vont en consoler plus d'un !

Le Chef du Service Qualité avait bien raison quand il disait qu'on finirait bien par l'avoir, notre programme Zéro Défaut !

Un sonnet sans défaut vaut seul un long poème (Boileau).

ERRARE HUMANUM EST... OU ZERO DEFAUT ?

– Vous êtes le nouvel employé ?

1ère Proposition :

Tout le monde peut se tromper, disait le hérisson qui était monté sur une brosse (F. Dard)

2e Proposition :

Ce soir, lorsque vous rentrerez du travail, si votre exigence est "rentrer chez moi", rentrez-vous chez le voisin ? Non, jamais. Si vous êtes capable de faire ainsi du "Zéro Défaut", pourquoi ne pas généraliser à toutes vos actions ? (Douchy)

Alors, l'erreur est-elle inévitable ? A vous de choisir !

❑❑❑❑❑

Achille Perceau DRH

Carnet de Dessins

L'erreur est humaine, Lesbigne,
mais la Direction ne l'est pas forcément !

LE DROIT A L'ERREUR

Direction des Ressources Humaines

DEFINITION EN 625 LIGNES ... OU PRESQUE

Le mot Qualité a été utilisé pour la première fois en l'an 45 avant J.C. par un certain Cicéron, dans son traité *Academica*. C'était bien sûr en latin :

Qualitates *igitur appellavi, quas* ποιοτητασ *Graeci vocant, quod ipsum apud Graecos non est vulgi verbum, sed philosophorum* (1).

Ces Qualités-là (puisqu'il s'agit en l'occurrence d'un pluriel) sont soigneusement restées confinées au langage des philosophes jusqu'à la fin du XIXème siècle. En 1690 (Furetière), la Qualité n'est encore, au mieux, que *ce qui rend une chose sensible à nos sens*. Le Littré (1876) commence à mentionner comme acceptions possibles :

- *ce qui fait qu'une chose est telle* (??)
- *manière d'être des corps en vertu de laquelle ils font sur nos sens une impression particulière qui nous donne les idées de figure, de couleur, de grandeur, etc*

Cette *manière d'être* sera abondamment reprise par la suite. Ainsi l'Académie Française, dans la 8ème édition de son Dictionnaire (1935) :

Manière d'être d'une chose, bonne ou mauvaise, grande ou petite, chaude ou froide, blanche ou noire, etc.

(1) "J'ai donc appelé ***qualités*** ce que les Grecs nomment ποιοτητασ, mot qui n'est pas chez les Grecs un mot du peuple, mais un mot des philosophes".

Il faut attendre le Grand Larousse de la Langue Française en 7 volumes, de 1977, pour voir apparaître une certaine idée d'estimation de la valeur de la chose en question :

Nature ou manière d'être d'une chose suscitant une appréciation favorable ou défavorable

et (absolument) : *Nature ou manière d'être jugée bonne d'une chose.*

Et enfin le Grand Robert de la Langue Française en 9 volumes (2ème édition, 1985) va un peu plus loin encore en suggérant fortement une notion de valeur d'usage. Parmi les définitions qu'il donne on trouve en effet celle-ci :

Ce qui fait qu'une chose est plus ou moins recommandable, par rapport à l'usage ou au goût humain, qu'une autre chose de même espèce ; degré plus ou moins élevé d'une échelle de valeurs pratiques.

et (absolument) : *Bonne qualité, qualité positive. La qualité : la bonne qualité, l'excellence.*

Sans vouloir être méchant, il faut reconnaître que toutes ces définitions à base de *choses, de manières d'être* et assimilés manquent un peu de netteté... Mais un dictionnaire a beau être universel, il reste un dictionnaire...

Heureusement, entre temps, l'économie avait pris son essor, et, le mot Qualité étant prononcé tous les jours, il devenait nécessaire de préciser le sens qu'il convenait de lui donner. Chez le producteur, on avait tendance à l'opposer à Quantité. et à l'associer au mot Contrôle. Chez le consommateur, on s'en servait plutôt comme d'une sorte de mesure d'un certain degré de contentement : on parlait par exemple de *rapport Qualité/Prix*, d'*en avoir pour son argent,...* Les dictionnaires étant défaillants, il fallait faire quelque chose.

Et c'est ainsi que la très sérieuse AFNOR (2), s'étant penchée sur le problème donna en 1979 la définition "officielle" suivante :

Aptitude d'un Produit ou d'un Service à satisfaire les Besoins des Utilisateurs (3).

C'était court, concis, tout en étant complet. Ça convenait à tout le monde.

Mais c'était trop beau.

Voilà en effet qu'en 1986 les contraintes internationales obligeaient la France à s'aligner sur les autres pays du monde réunis dans l'ISO (4), et à retenir pour la Qualité la définition suivante :

---

(2) Association Française de Normalisation.
(3) Norme X 50109.
(4) International Standard Organization.

Ensemble des Propriétés et Caractéristiques d'un Produit ou d'un Service qui lui confèrent l'Aptitude à Satisfaire des Besoins exprimés ou implicites (5).

La définition redevenait plus "produit". C'était plutôt une régression. Mais enfin, Europe oblige !

Dans sa version 1994, la même norme remplaçait "Produit ou Service" par "Entité", une entité étant un Produit, un Processus, un Organisme ou une combinaison des trois. Ouf !

Quelle histoire !

> QUELQUES DEFINITIONS :
>
> *La Qualité est l'aptitude à l'usage* (Juran)
> *La Qualité est la Conformité aux Spécifications* (Crosby)
> *La Qualité est une mode* (le chœur de ceux qui n'ont pas compris)
> *La Qualité est le contraire de la Non-Qualité* (ceux qui commencent à comprendre)
> *La Qualité est l'âme du travail* (Soljenitsine)
> *La Qualité, c'est le "haut de gamme"* (ceux qui font du "haut de gamme")
> *La Qualité, c'est la Charité* (voir page 14)
>
> Conclusion : de même que Bernard Shaw disait : *Mieux vaut aimer que définir l'Amour*, on pourrait dire à propos de la Qualité : *Mieux vaut la faire que la définir* !

Mais l'histoire n'est pas terminée. Car à peu près au même moment apparaissait en France la notion complexe de Qualité Totale, traduction abrégée en français de l'américain *Total Quality Control* (T.Q.C.) (6). Et pour cette Qualité Totale, ou encore Qualité Globale (7), ce ne sont pas les définitions qui manquent. On était reparti pour un tour ! Voici quelques échantillons :

Réponse globale aux besoins du client
Satisfaction des clients internes et externes
Excellence en tout
Absence totale de défauts
Ensemble de principes et de méthodes, organisés en stratégie globale et visant à mobiliser toute l'entreprise pour obtenir une meilleure satisfaction du client au moindre coût.

---

(5) Norme ISO 8 402 (norme française correspondante : NF X 50 120)

(6) Le T.Q.C. existait depuis longtemps aux Etats-Unis (appellation créée par Armand Feigenbaum en 1961), mais il est arrivé en France en passant par le Japon, qui a considérablement changé son sens par rapport à l'origine, au point d'être obligé de créer un nouveau mot : le C.W.Q.C (Company Wide Quality Control) !

(7) Expression peu heureuse en vérité : que l'on songe seulement aux bilans "globalement positifs"...

Cette dernière définition semblerait la plus couramment admise. Or que constate-t-on ? Que la Qualité Totale et la Qualité tout court ne sont plus sur le même plan ! Plus précisément la Qualité tout court désigne une *propriété* du produit ou du service (de la *chose*, diraient les dictionnaires), alors que la Qualité Totale désignerait plutôt la *méthode* pour obtenir cette propriété. Dans le premier cas, on ne parle pas (et à juste raison) d'argent, car cette propriété n'a pas de dimension économique. Dans le deuxième cas au contraire, il est évident que la propriété doit être obtenue au moindre coût. En somme la Qualité Totale est ce qui permet d'obtenir la Qualité dans les meilleures conditions.

Il n'est pas anormal que certains éprouvent quelque difficulté à s'y reconnaître...

Désireux d'apporter notre modeste contribution pour éclairer ce débat où on ne sait plus bien où sont les frontières entre Qualité, Productivité, Performance, Compétitivité, Excellence, et d'autres encore, et où, tous comptes faits, la Qualité est de plus en plus assimilée à la notion d'Efficacité, nous avons pensé qu'il fallait créer un nouveau mot pour parler de cette chose. Nous proposons le néologisme :

EFFICALITE

qu'on peut aussi écrire si nécessaire

EFFIQUALITE

ce qui, peut-être, mettrait tout le monde d'accord !

❑❑❑❑❑

Il est plus difficile de former à faire vite un ouvrier qui fait bien que de former à faire mieux un ouvrier qui fait mal (Barenton)

LA LONGUE MARCHE VERS LA QUALITE TOTALE

1957	Création de l'AFCIQ : *Association Française pour le Contrôle Industriel de la Qualité*
1961	Création de l'AFQ : *Association Française des Qualiticiens*
1980	L'AFCIQ reste l'AFCIQ mais change de nom et devient : *Association Française pour le Contrôle Industriel* et *la Qualité*
1981	Création de l'AFCERQ : *Association Française pour les Cercles de Qualité*
1986	L'AFCIQ reste l'AFCIQ mais change de nom et devient : *Association Française pour la Qualité*
1986	L'AFCERQ reste l'AFCERQ mais change de nom et devient : *Association Française pour les Cercles de Qualité et la Qualité Totale*
1987	La revue de l'AFCIQ qui s'appelait : *Qualité - Industrie - Contrôle* change de nom et devient *Qualité - Magazine*
1987	La revue de l'AFCERQ qui s'appelait : *Cercles de Qualité* change de nom et devient : *Cercles* et *Qualité*
1988	La revue de l'AFCERQ qui s'appelait : *Cercles et Qualité* change de nom et devient : *Management et Qualité*
1989	Les discussions entre l'AFCIQ et l'AFCERQ sont interrompues par le dépôt de bilan de l'AFCERQ.
1990	Fusion entre l'AFCIQ et l'AFQ
1991	Fusion entre AFCIQ/AFQ et CARA (Confédération des Associations Régionales AFCERQ), pour créer le Mouvement Français de la Qualité

Achille Perceau DRH

Carnet de Dessins

Il n'y a que les bébés mouillés
qui aiment le changement.

LA RÉSISTANCE AU CHANGEMENT

DIRECTION DES RESSOURCES HUMAINES

A PROPOS DE DELAI

Jour de discussion	Vendredi	Vendredi	Vendredi	Jeudi	Mercredi	Mardi
8	7	6	5	4	3	2
6	14	13	12	11	10	9
23	22	21	20	19	18	17
32	29	28	27	26	25	24
39	38	37	36	35	34	33

Vous avez du mal à respecter vos délais, vous êtes toujours en retard, les clients rouspètent ... Que faire ? Planning, GPAO, Flux tendu, Kanban, ... ? Non, il y a plus simple. Utilisez notre calendrier "Spécial Délai".

Avec ce calendrier, mis au point spécialement pour les travaux urgents, un client peut passer sa commande le 7 et être livré le 3 du même mois, et comme tout le monde souhaite recevoir sa commande le vendredi, il a été prévu trois vendredis par semaine.

De plus, pour les "travaux de fin de mois", huit nouveaux jours ont été incorporés à la fin du mois.

Autre avantage, les "lundis gu.... de bois" ne sont plus possibles, car tous les lundis ont été éliminés, et il n'y a plus tous ces samedis ou dimanches improductifs, qui n'ont pas été remplacés.

Les 15, les 30 et 31 ayant disparu, le paiement des rémunérations n'est plus nécessaire. Pour compenser a été créé un nouveau jour, le "jour des discussions".

Les vraies urgences sont rares. Les erreurs de prévision sont légion (J.L. Servan-Schreiber)

Tristan Bernard écrit à Alphonse Allais pour une affaire urgente. Au bout de six mois il reçoit la réponse suivante :

Excuse-moi de ne pas t'avoir répondu plus tôt, mais quand ta lettre est arrivée, j'étais au fond du jardin.

A notre époque placée sous le signe jumelé de l'efficience et de l'efficacité, on ne désespère pas de voir un jour les entreprises de pompes funèbres livrer les cercueils une semaine avant la mort de leurs clients (J. Sternberg)

Ce n'est point le temps qui nous manque, c'est nous qui lui manquons (P. Claudel)

Ecoute ... ecoute !

Tout le monde connaît les aventures d'*Alice au pays des merveilles*, mais qui a lu *Alice au pays des problèmes* (1) ?

Cette Alice-là se retrouve un jour à l'intérieur d'un monde retourné comme une chaussette et, les pieds au plafond, va d'un pays à l'autre. C'est ainsi qu'elle rencontre un jour en Chine un lapin aux longues oreilles :

– Bonjour, Lapin Chinois, lui dit Alice. *Comment t'appelles–tu?*

– Je m'appelle Lapin Chinois, numéro sept cent trente–sept mille deux cent quarante–sept. Et je suis un spécialiste des problèmes qui doivent être posés.

Lapin Chinois lui apprend à poser des problèmes :

– C'est très facile : il suffit de se concentrer par la pensée sur un objet. Puis, lorsque tu es suffisamment concentrée, tu n'as plus qu'à tendre la main. Et ton problème est là, dans ta main, et tu peux jouer avec lui.

---

(1) *La résolution des problèmes,* par Michel Fustier, Éd. E.M.E.

Alice constate que ça marche : deux fois elle se retrouve effectivement avec dans la main une sorte de gros chardon plein de piquants très pointus : une fois pour le problèmes des élastiques de ses chaussettes, une autre fois pour le problème du peigne.

– Je n'aurai jamais cru que je sois capable de poser si vite tant de problèmes.

– C'est que, conclut le Lapin Chinois, *tu accèdes progressivement à la conscience malheureuse.*

Quand elle fut rentrée chez elle, Alice continua à s'amuser à se poser des problèmes. Elle apprit à se concentrer de plus en plus rapidement et bientôt sa chambre fut remplie de gros chardons de fer piquants, qui ne lui laissaient même plus la place de s'étendre pour dormir. Et quand elle se disait une phrase aussi innocente que : « Ah ! quel problème que d'avoir des problèmes ! », aussitôt un gros chardon de fer se formait dans sa main. C'était en effet bien un problème que d'avoir des problèmes.

Réfugiée aux Etats–Unis, *où il y avait encore de grands déserts vides de problèmes,* elle rencontre le dauphin à blouse blanche :

– Je suis Alice, dit–elle.

– Moi, je suis Anvariste, le valet de l'impérialisme. Je suis chargé de trouver des solutions, lui répondit le dauphin à blouse blanche.

– Des solutions à des problèmes ?

– Non, des solutions à aucun problème.

– C'est bien dommage : car moi j'ai des tas de problèmes qui n'ont pas de solutions. Car je sais poser les problèmes, mais personne ne m'a appris à les résoudre.

Et Anvariste de montrer à Alice des montagnes de solutions qu'il entasse dans l'Arizona : il est obligé de les brûler tous les mois tant il y en a ! Chaque solution se présente *comme une espèce de petite enveloppe rembourrée et matelassée, dans laquelle il semblait qu'on avait réservé la place d'un chardon avec tous ses piquants.*

Alice en emporte dix–sept chez elle, les essaie sur ses problèmes, mais doit se rendre à l'évidence : aucune solution ne convient à aucun de ses problèmes. Le dauphin blanc avait raison : *c'étaient des solutions pour pas de problèmes !*

Le monde à l'envers ! Furieuse, Alice attrape la peau de la terre à un endroit où elle avait remarqué qu'il y avait une poignée, et retourne le monde ... à l'endroit.

– Cette fois–ci, j'espère que les solutions auront des problèmes, et les problèmes des solutions. Et même, il me semble que, si les solutions qui ont des problèmes pouvaient avoir pour problèmes les problèmes qui n'ont pas de solutions, nous toucherions presque à la perfection de la métaphysique.

Quel rapport avec notre sujet, la Qualité ? C'est très simple : la Qualité, c'est ce qui rend le client satisfait : on ne le répètera jamais assez. Certains même considèrent aujourd'hui que la satisfaction, c'est dépassé, ce n'est plus suffisant, et qu'il faut viser l'*enthousiasme* du client. Mais ne compliquons pas les choses !

Je n'ai pas digéré le Régal du Chef la semaine dernière. Vous n'auriez pas cette semaine le Régal du Client ?

Pour satisfaire le client, il faut l'écouter : se préoccuper de savoir ce dont il a envie, bien connaître ses besoins, savoir ce qu'il faut fabriquer qu'il achètera ensuite. On est stupéfait quand on considère l'immensité des besoins du consommateur qui ne sont pas satisfaits, tout simplement parce que personne ne s'est mis à l'écoute. Et l'on continue à produire de ces objets créés pour le plaisir de celui qui les produit, et qui s'étonne ensuite de ne pouvoir les vendre. On ne peut plus de nos jours ignorer le client, tel de Gaulle qui commençait ainsi sa conférence de presse (en substance) : *Voici mes réponses, veuillez fournir vos questions.* Ou encore tel Georges Marchais répondant à un journaliste : *Ce n'est peut–être pas votre question, mais c'est ma réponse !*

Car les clients veulent la réponse à *leur* question !

Où ça se corse, c'est quand cette question n'est pas formulée, quand les besoins ne sont même pas ressentis. C'est là que l'on retrouve l'histoire d'Alice : beaucoup de gens ne savent pas poser leurs problèmes et feraient bien de demander des leçons au Lapin Chinois. Car un besoin n'est autre qu'un problème. Et inversement, à l'instar du dauphin blanc, on voit tellement de chercheurs inventer (et d'industriels fabriquer) des produits qui ne sont capables de résoudre aucun problème !

Les pages qui suivent listent des objets qui sont actuellement "introuvables", mais qui, pourtant, auraient un marché, car correspondant à un besoin réel, besoin que certains ont su identifier : leurs pères, les Alphonse Allais, Chaval, Carelman, et autres, ont été capables, partant d'un problème, de mettre en face une solution ! (Et le fait que ce sont tous des humoristes confirmerait, si besoin était, que l'Humour peut rendre bien des services dans l'Entreprise !).

Le premier n'avait–il pas proposé de créer par exemple (par ordre d'importance décroissante du marché potentiel) :

– la casserole carrée pour empêcher le lait de tourner
– le coton noir pour les oreilles des personnes en deuil

– un amidon bleu–blanc–rouge pour maintenir les drapeaux déployés les jours sans vent

– l'aquarium en verre dépoli pour poissons rouges timides

– le tire–bouchon mû par la force des marées

MARTEAU DE LIÈGE
Pour bricolage dans l'eau.

Le regretté Chaval avait, lui, des ambitions plus modestes, et pensait surtout à des applications limitées, pour des situations un peu particulières : outre le "produit nouveau" représenté ci–contre, il avait par exemple eu l'idée de l'encre incolore pour illettrés, ou du piano à touches coupantes pour pianiste martyr.

Mais la palme revient sans conteste à Carelman. En voilà un qui savait être à l'écoute des problèmes des gens, et qui avait suffisamment d'imagination pour leur apporter des solutions. Des centaines d'idées attendent un producteur dans son célèbre *Catalogue d'Objets Introuvables* (2) : le marché existe ... il l'a rencontré ! Laissons de côté les objets aux applications réduites, car réservés à certaines catégories limitées de personnes, comme l'échelle pour cul–de–jatte (sans barreaux), le soutien–gorge pour trapéziste (monté à l'envers), le clou (bicéphale) pour bricoleur atteint de strabisme divergent, la cafetière pour masochiste (avec le bec du même côté que l'anse), le petit broyeur buccal (pour édentés complets), ou encore le ski gouttière (pour skier avec une jambe de bois). Ne retenons, pour illustrer ses immenses possibilités, que ces quelques objets dont chacun reconnaîtra qu'ils contribueraient beaucoup à supprimer une foule de ces petits inconvénients qui, accumulés, finissent par empoisonner notre existence quotidienne et sont à l'origine de la *conscience malheureuse* dont parle le Lapin d'Alice.

Tandem convergent. *Modèle pour fiancés.*

(2) *Catalogue d'Objets Introuvables*, par Carelman, Éd. Balland.

Chaussures « longue durée ». *Lorsqu'une paire est usée. Il suffit de faire pivoter le tout de 180° pour avoir la paire intacte. Avantageux et élégant.*

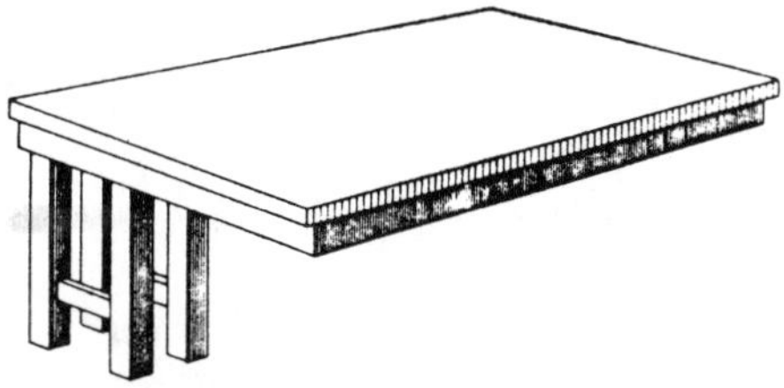

Table à pieds groupés. *Lorsqu'on est nombreux à table, celle-ci résoud le délicat problème des pieds que l'on a entre les jambes. L'angle mort de la table, où se trouvent groupés les pieds peut servir de desserte.*

D'autres que les précédents avaient, en leur temps, montré la voie :

Lichtenberg, avec son célèbre couteau sans lame auquel manque le manche, ou la vis sans commencement, ou encore, sécurité oblige, la potence avec paratonnerre.

François Le Lionnais, avec son siège pour s'asseoir confortablement entre deux chaises.

Jacques Prévert, avec sa très poétique machine à écrire les lettres d'amour.

Charles Cros, avec un beaucoup moins poétique compteur pour baisers.

Marcel Duchamp, avec l'économique robinet qui s'arrête de couler quand on ne l'écoute pas.

Pierre Dac, avec ses faux rasoirs pour personnes portant de fausses barbes.

Etc...

Oui, décidément, il y a encore beaucoup à faire pour que chaque problème ait sa solution :

> *La maman d'Alice revenait du village où elle avait fait ses commissions. Elle lui tendit la main ; et Alice glissa sa main dans celle de sa mère.*
>
> *– Ma petite maman, si ma main est un problème, la tienne ressemble bien à une solution. Comme c'est bon d'avoir un petit problème bien blotti dans sa petite solution.*

□□□□□

LECTURE

HISTOIRE de CROCODILE

La scène se passe dans un C.H.U prestigieux. Tournée du brillant Professeur. La patient est arrivé de la veille.

– Bonjour Monsieur ! Je vois à la feuille qui est au pied de votre lit que vous êtes le malade idéal pour notre Service : nous sommes spécialisés pour votre cas et parfaitement équipés pour vous soigner. Comment ça va ?

– Ah Docteur, je suis bien heureux d'être chez vous, et je me sens bien entouré. Mais, voyez–vous, j'ai très mal dormi. Il y a un crocodile sous mon lit, qui fait un bruit pas possible .

Diable ! le pauvre est bien perturbé, pense le Professeur.

– Allez, soyez confiant, ça va s'arranger. A demain !

Le lendemain :

– Ah Docteur Je suis heureux de vous revoir. Je vais un peu mieux, mais je souffre terriblement du manque de sommeil. Ce crocodile est impossible. Il claque des dents, il ronfle, il gratte avec ses pattes ... Je ne peux pas fermer l'œil !

Eh bien ça dure, décidément !

– Ne vous inquiétez pas, mon ami. Dans deux jours au plus tard, tout sera réglé. Définitivement.

Deux jours plus tard, même scène. Là, le médecin repart en se demandant à quel confrère psychiâtre il va pouvoir confier ce délicieux cas d'hallucination.

Et puis deux jours encore se passent. Tandis que le médecin passe sa blouse en sifflotant, il avise une infirmière :

– Alors, le fou du crocodile, où est–il, s'il vous plaît ?

– Désolée, Monsieur. Le crocodile l'a mangé cette nuit.

Moralité : il faut toujours écouter le client !

La tête dans le sable, c'est la meilleure façon de recevoir un coup de pied quelque part (Madeleine Saint-Jacques).

L'ELEPHANT ROSE

Il était une fois un entrepreneur de spectacles qui voulait monter une pièce dans laquelle l'un des acteurs était un éléphant rose. Mais où trouver un éléphant rose ?

Notre homme téléphona à plusieurs zoos des environs, et finit par trouver ce qu'il cherchait :

– Nous avons ce qu'il vous faut, lui dit-on.
– Vous avez vraiment un éléphant rose ?
– Nous avons des éléphants de toutes les couleurs, Monsieur le Directeur : des blancs ivoire, bien sûr, mais aussi des noirs ébène, des verts épinard, des bleus azur, des violets, des ...
– Je vous arrête : c'est seulement un éléphant rose qu'il me faut.
– Nous avons des roses bonbon, des roses vif, des vieux roses, ...
– Le rose bonbon fera l'affaire.

Et l'affaire fut conclue : le soir même, juste avant la représentation, un fourgon amenait un superbe éléphant prêté pour la soirée. Il était effectivement rose, tout le monde pouvait le constater : un très beau rose bonbon, naturel, propre et tout.

Lorsque vint le moment où notre éléphant devait entrer en scène, le Directeur retenait son souffle, ainsi que tout le personnel du théâtre, pompier compris. Mais tout se passa bien ... jusqu'au moment où l'éléphant devait manger la salade préparée exprès pour lui : c'était prévu par l'auteur. Gavé par son cornac avant de quitter le zoo pour être sûr qu'il se tiendrait tranquille, notre éléphant ne voulut rien savoir : pas question pour lui de toucher à la salade, il n'avait vraiment pas faim. Ce fut un fiasco, l'auteur furieux menaça de retirer sa pièce.

Très embêté, le Directeur rappela aussitôt le Zoo :

– Pour demain, il me faut comme aujourd'hui un éléphant rose, mais qui soit à jeun. Je dis bien : à jeun, c'est très important.
– Pas de problème, Monsieur le Directeur, ce soir,vous aurez un éléphant rose et à jeun.

Et le soir, juste avant la représentation, on vit débarquer d'un fourgon un superbe éléphant prêté pour la soirée : il était effectivement rose, tout le monde pouvait le constater : un très beau rose bonbon, naturel, propre et tout, comme celui de la veille. Et il était de plus à jeun, puisque le Directeur du Zoo l'avait dit. Lorsque le moment arriva de manger la salade prévue par l'auteur de la pièce, l'éléphant rose se précipita dessus, ce qui prouvait bien qu'il était à jeun. Tout le monde était content.

Les choses se passèrent bien pendant exactement six jours. Le septième, l'éléphant ne mangea pas la salade. Nouveau fiasco, nouvelle colère de l'auteur. Le directeur du Zoo expliqua, un peu gêné, que c'était le jour de congé du cornac de l'éléphant rose, et que le cornac remplaçant avait oublié la consigne, ou qu'on avait oublié de la lui transmettre, ce qui revenait au même. Mais il jura ses grands dieux que cela ne se reproduirait plus.

Mais le Directeur de l'entreprise de Théâtre à Grand Spectacle tremblait de peur que la consigne ne soit oubliée une nouvelle fois. Tous les soirs, lorsqu'arrivait le fourgon qui amenait l'éléphant, il constatait certes avec plaisir que l'éléphant était rose, mais se demandait toujours :

Les bonnes choses ne se produisent que lorsqu'elles sont prévues. Les mauvaises arrivent toute seules. (Ph. Crosby)

– Est-il vraiment à jeun ? Et s'il n'était pas à jeun ?

Il ne dormait plus d'inquiétude. Un soir où le sommeil était particulièrement long à venir, il vit s'approcher de lui une belle dame vêtue de blanc :

– Qui êtes-vous, bonne dame ?
– Je suis une fée. Je puis sûrement quelque chose pour toi.
– Comment cela, bonne dame ?
– Je peux t'aider à avoir l'assurance que ton éléphant rose sera bien à jeun tous les soirs.
– Vous m'intéressez bigrement, bonne dame, lui répondit-il, car je n'ai pas trouvé de solution. On ne peut tout de même pas lui faire un lavage d'estomac ! Ou le passer à la radiographie ! D'ailleurs est-ce que la salade se voit à la radiographie ? Vous le savez peut-être, vous ? Moi, non ! Que faut-il donc faire ?
– Ecoute bien ce que je vais te dire.

Le Directeur ouvrit toutes grandes ses oreilles.

– Demande simplement au loueur d'éléphant rose de prévoir par écrit ce qu'il faut faire (ou ne pas faire) pour que l'éléphant qui te sera envoyé chaque soir soit effectivement à jeun à son arrivée. De vérifier que les consignes qu'il aura ainsi données sont bien appliquées. Mais insiste bien pour que tout ce qui est à faire soit prévu, et pour que tout ce qui est prévu soit fait.

– Mais comment le saurais-je, bonne dame ?
– Demande-lui simplement de garder une preuve de tout cela, qu'il puisse te montrer à l'occasion.

Dès le lendemain matin, le Directeur convoqua le Directeur du Zoo et lui répéta le plus fidèlement possible ce que lui avait dit la veille la bonne fée. Ce dernier, qui n'avait pas tous les jours l'occasion de louer un éléphant rose, promit que le nécessaire serait fait. Il commençait même à décrire dans le détail ce qu'il allait faire lorsque le Directeur l'arrêta :

– Je ne comprends rien à tout ce que vous me racontez. C'est votre affaire, pas la mienne. Moi, je viendrai seulement voir de temps en temps que tout est bien en règle chez vous.

Ainsi fut fait. Il n'y eut plus jamais aucun incident. Notre Directeur de Théâtre à grand Spectacle était un homme heureux : la pièce avait un succès fou, et rapportait beaucoup d'argent, l'auteur était ravi, tout baignait dans l'huile.

Il aurait bien voulu remercier la bonne fée pour cette idée géniale. Mais où la retrouver ?

Un soir qu'il avait bu plus que de coutume (il avait une excuse, c'était l'auteur qui l'avait invité), la bonne fée lui apparut de nouveau.

Si vous faites de la Qualité sans faire d'Assurance Qualité, le hasard fait bien les choses. (ATS)

– Ne me remercie pas. Car si tu avais un peu réfléchi, tu aurais trouvé tout seul ce que je t'ai soufflé et qui marche si bien. Quand on ne peut vérifier de visu que ce que l'on reçoit est bien conforme à ce que l'on a demandé, il faut utiliser les règles de l'Assurance Qualité. Je suis la fée Assurance Qualité. Et elle disparut dans un nuage blanc.

C'est ainsi que naquit l'Assurance Qualité. La bonne fée fut écoutée, puisque quelques siècles plus tard, on vit apparaître :

l'ANSI 45-2, le IO CFR 50 App.B et le Code ASME Section III aux Etats-Unis (1)

les AQAP 1, 4 et 9 de l'OTAN (1)

le ROFA (1) et les RAQ 1, 2 et 3 (1) du SIAR (1)

le Code A.I.E.A. (1)

les normes AFNOR X 50 110, X 50 111, puis X 50 131, X 50 132, X 50 133, puis EN 29001, 29002, 29003 (1) ...

les normes ISO 9 001, 9 002, 9 003, (1)

etc

et enfin l'AFAQ (Association Française pour l'Assurance Qualité), qui a bien failli s'appeler l'AFCSAQTP (Association Française pour la Certification des Systèmes d'Assurance Qualité par Tierce Partie) !

❑❑❑❑❑

(1) Pour plus amples renseignements, consulter votre cabinet-conseil habituel.

L'Assurance Qualité est à la Qualité Totale ce que les bretelles sont au pantalon. (ATS)

LES SURPRISES DE L'ETYMOLOGIE

Le sens primitif ou étymologique des mots nous permet seul de revenir aux perceptions simples du réel, telles qu'elles étaient ressenties par nos ancêtres d'il y a mille ou deux mille ans, et qui sont maintenant oblitérées pour nous par l'accumulation des sens dérivés ou interférés .

J. Fourastié

Les mots que nous utilisons tous les jours sont souvent riches d'une vérité primitive profonde qui reste cachée, et qui leur confère par rapport au sens qu'ils ont acquis aujourd'hui, une pertinence que nous ne soupçonnons même pas. Cette vérité du sens, celle qui présida à la naissance du mot, au cours de cette minute sacrée et insaisissable où la langue s'enrichit d'un néologisme, nous est révélée par l'étymologie. Il en est de nombreux exemples. Ainsi, sans aller chercher plus loin, le mot ETYMOLOGIE lui-même illustre parfaitement cette théorie, puisqu'il vient du grec ετυμοσ, vrai : l'étymologie nous fait bien retrouver le *vrai* sens des mots.

Le vocabulaire de la Qualité Totale contient, lui aussi, de ces mots dont le sens originel s'est dilué, affadi, voire dénaturé, quand il n'a pas purement et simplement disparu. Le retrouver éclaire d'un jour nouveau le sens actuel, et ne va pas, parfois, sans certaines édifiantes surprises.

Ainsi le mot AUTORITE a pour racine le verbe latin *augere*, augmenter. L'autorité élève les hommes, non pas ceux qui la détiennent comme on pourrait le penser un peu rapidement, mais les subordonnés, ceux qui sont *dessous*. Etymologie que pourrait utilement méditer plus d'un MANAGER.

Mais au fait, qu'est-ce qu'un MANAGER ? Max Jacob s'est amusé de cette contrepèterie :

Les manèges déménagent
Ménage ton ménage
Ménage ton manège
Manège ton ménage.

Le mot MANAGEMENT (1) penche-t-il plus vers le *manège* ou vers le *ménage* ? L'étymologie nous donne la réponse. Car le mot anglais a une racine italienne, *maneggio*, du latin *manus*, la main : il s'agit du dressage "à la main" du cheval (d'où le manège de chevaux). Le rapprochement était pourtant tentant avec *ménage* et la notion de bonne gestion des biens que l'on devine derrière ce mot. Malheureusement ce rapprochement serait illicite : ménage vient de *manoir*, du latin *mansio*, la maison. Concluons : nos MANAGERS doivent être des meneurs d'hommes avant d'être des gestionnaires ... Puisse cette étymologie leur rappeler leur mission de formation, d'entraînement (sinon de dressage !), en oubliant que la même racine, *manus*, est aussi à l'origine de mots comme *manipuler* ... mais en se rappelant qu'il n'est pas interdit de mettre la *main* à la pâte !

Ces MANAGERS peuvent faire appel à un EXPERT. Qu'ils se souviennent qu'il y a dans ce mot un radical *periri*, que l'on retrouve à la fois dans *peritus*, habile, et dans *periculum*, péril. Attention, danger !

On appelle *mot-valise* un mot formé par la contraction de deux autres réunis en un seul. Il est possible de fabriquer à volonté des tas de néologismes amusants en forme de mots-valises. Par exemple tout le monde connaît le verbe *accumonceler*, fait d'accumuler et d'amonceler (2). Il existe aussi des mots-valises *naturels*. C'est le cas du mot CONTROLE, qui n'est que la contraction de CONTRE et de ROLE. Autrefois, une écriture enregistrée sur un rôle pouvait l'être en même temps sur un autre livre, le contre-rôle, qui servait bien évidemment... de contrôle . Quelque chose comme l'origine de la comptabilité en partie double. Ainsi défini, le CONTROLE consiste à faire deux fois la même chose.... c'est-à-dire au minimum une fois de trop ! Quand on veut réduire les coûts, une solution simple consiste à supprimer cette fois de trop (la deuxième plutôt que la première !), et à instaurer l'AUTOCONTROLE, qui offre, entre autres avantages, celui de rendre RESPONSABLE l'opérateur qui exécute le travail .

RESPONSABLE, c'est-à-dire qui peut "répondre", en latin *re-spondere*, se porter garant en retour.

La Qualité est la SATISFACTION du client. SATISFAIRE, l'étymologie nous le rappelle, c'est *satis facere*, faire assez. Assez, mais pas plus : et l'on voit

---

(1) Ce mot peut être utlilisé sans vergogne : il est autorisé, prononcé à la française, par le J.O. du 18-1-1973.
(2) Alain FINKELKRAUT a fabriqué des dizaines de mots-valises dans son livre *Ralentir Mots-Valises* (Editions du Seuil). On y trouve par exemple :

GIRAFFOLER : Avoir un goût très vif pour les femmes au long cou
HEPATHETIQUE : Personne au yeux si jaunes qu'elle inspire la pitié
INGENUFLEXION : Révérence à l'Autorité faite avec une sincérité innocente et naïve

ainsi que la sur-Qualité équivaut à de la non-Qualité, puisque le client, n'en ayant pas besoin, ne paiera pas ce SERVICE apporté en trop.

A propos de SERVICE, il est difficile d'être plus explicite que G. DENIELOU qui, Président de l'Université de Technologie de Compiègne, lors d'une table ronde sur la formation lors d'un Colloque de l'AFCIQ à Lyon, tint ce discours :

> *SERVICE vient à l'évidence de* servus, *esclave. Le serviteur fait à la place du maître ce que le maître ne veut pas faire. Le serviteur, l'aide, l'assiste, l'entoure de ses soins, etc. (...) L'analyse étymologique fournit une précieuse indication sur la difficulté principale du service (et par là même de la qualité dans les services). Vous savez qu'on a remarqué que dans notre civilisation très sexiste les mots qui désignaient la Femme avaient toujours pris progressivement une allure péjorative :* garce *ou* pute *désignaient des jeunes filles, il n'y a pas si longtemps : le glissement du sens est significatif d'un problème social. De la même manière les mots qui désignent le service ont toujours glissé dans le sens du pouvoir.*

Et d'enchaîner sur MINISTRE et ADMINISTRATION :

> *De la même manière, MINISTRE qui, beaucoup de gens l'ignorent, vient de* minus *(3) (par opposition à Magistrat ou Maître qui vient de* magis (4)*) (...) Un MINISTRE est aujourd'hui beaucoup plus un maître qu'un serviteur, un Officier (5) est bien davantage perçu comme un chef que comme un subordonné, un Service d'ADMINISTRATION Centrale peut parfois être tout-puissant, en tous cas plus puissant que certaines* directions. *D'où vient ce phénomène ? C'est que tout service tend à s'organiser, avec bonne conscience autour de sa propre problématique interne en oubliant progressivement qu'il est tourné vers l'aide de l'autre, vers l'extérieur. Progressivement le SERVICE s'érige en monopole. Le Service Public remplace le Service du Public. On commence à penser, sans trop se l'avouer, que l'Université serait bien belle sans étudiants ; le supermarché s'il n'y avait pas de clients ; la poste s'il n'y avait pas les lettres, et le téléphone s'il n'y avait pas d'abonnés. La situation de monopole toujours recherchée engendre des effets connus : la recherche des privilèges. La Qualité du Service s'en trouve affectée, mais surtout le rapport Qualité/Prix. Le symbole, bien connu de l'usager, en est le guichet ou la banque. Le serviteur commence à se protéger du public qu'il sert par un rempart symbolique. Il est derrière son comptoir comme un seigneur dans son donjon et ce n'est pas un hasard si l'on*

---

(3) Ceci fut dit en présence du Directeur de Cabinet du Ministre de la Formation Permanente de l'époque, qui n'apprécia qu'à moitié ...

(4) On pourrait rajouter : Maîtrise (agent de)

(5) OFFICIER, du latin *opes facere*, porter assistance

stigmatise fréquemment l'ADMINISTRATION (mot qui vient de ministrare, *c'est-à-dire servir) comme une forteresse imprenable. Le public se présente au pied du donjon comme un suppliant. Le guichet peut tomber à toute heure. Impossible de pénétrer pour insister. Mais dans la conscience de l'homme des services subsiste toujours l'intime satisfaction de son propre dévouement : sans lui, où en serait l'assisté ? A combien de malheureux a-t-il déjà octroyé ses faveurs ? Et pourtant, que le public est ignorant des règlements ! Qu'il est souvent dans son tort et qu'il s'imagine que nous sommes ses esclaves !*

N'allez pas croire, ajoute-t-il, *que ce problème soit confiné à l'Administration Publique. Vous le retrouverez, le cas échéant chez tel commerçant qui paraîtra vous faire un cadeau lorsqu'il vous vend du jambon, chez le garagiste qui débouchera votre lave-glace, mais c'est bien parce que c'est vous ! Chez l'agent de voyage qui n'a pas les moyens de se payer un voyage en Egypte. En un mot, le monde des services souffre d'une dualité congénitale : service, c'est bas, ce n'est pas glorieux ; mais ceux qui servent ont tendance à se servir.*

Il n'y a pas grand'chose à rajouter à ce morceau d'anthologie... Tout au plus pourrait-on dire que tout ceci s'applique *aussi* à l'intérieur de l'entreprise industrielle, aux SERVICES (et autres départements) dont elle est constituée. Peut-on rêver d'une entreprise dans laquelle chaque SERVICE se considérerait comme l'esclave du "client" que constitue le SERVICE voisin, à sa disposition 24 heures sur 24, *serf* taillable et corvéable à merci ? Belle introduction à la notion de relations internes client-fournisseur !

Nous avons gardé pour la fin les mots PATRON et CLIENT, indissociables comme on va le voir.

Le PATRON, de la racine latine évidente *pater*, le père, était le *patronus*, le protecteur (au sens de défenseur, avocat) d'un homme du peuple, un plébéien. Ce n'est qu'au XIXème siècle (en 1834) qu'apparaît le sens actuel de chef d'un établissement industriel ou commercial, celui qui commande à des employés. Mais entre temps, pendant tout le Moyen-Age, cette protection était surtout le fait des saints, les saints-patrons, les saints tutélaires. Et comme les saints sont aussi des modèles, le mot PATRON a acquis à cette époque ce sens secondaire bien connu des couturières.

Ainsi le PATRON est-il à la fois :

celui qui protège
celui qui sert d'exemple
celui qui dirige

La Qualité Totale est en train de réhabiliter deux sens, les deux premiers, perdus en cours de route ...

Le véritable propriétaire de l'entreprise, c'est le client (A. Riboud, PDG de B.S.N.)

Au temps des Romains, le CLIENT, lui, était le *cliens*, c'est-à-dire précisément le plébéien qui se mettait sous la protection d'un *patronus* ! Rapprochement plutôt inattendu ! Ce n'est que bien plus tard que le CLIENT devint "celui qui achète", après avoir été une personne quelconque se plaçant sous la protection d'une autre. Est-ce qu'aujourd'hui la Qualité Totale, en redonnant au CLIENT une place essentielle, ne tend pas, là aussi, à retrouver le sens initial, à savoir cette personne importante mais fragile, qu'il faut bien soigner si on veut la conserver, qu'il faut protéger des méchants (les concurrents), des accidents (les défauts) ... ?

Mais ce n'est pas terminé.

En anglais, le mot PATRON désigne *à la fois* le PATRON et le CLIENT. *Dear Patron*, dit le mot d'accueil qu'on trouve souvent en pénétrant dans sa chambre d'hôtel aux Etats-Unis. La boucle est bouclée : le CLIENT est aussi un protecteur, un ami. Le voilà promu au rang éminent de défenseur de l'entreprise, de véritable chef, celui qui a droit de vie et de mort sur elle. Renversement des rôles, ou seulement redécouverte d'une vérité profonde ? Bel exemple en tous cas de maillage client-fournisseur, condensé en un mot unique !

Le véritable chef de l'entreprise, celui qui passe des *commandes*, le donneur d'*ordres*, c'est bien le CLIENT. Quand on veut savoir, dans une organisation, qui dépend de qui, on cherche qui paie qui. Le CLIENT, c'est celui qui paie. C'est bien de lui que dépend toute l'entreprise.

Etonnant, non ?

Quand on vous parlait des surprises de l'étymologie !

❑❑❑❑❑

Dans l'organigramme de ma Société, je place tout en haut, au-dessus de moi, le client**.** (P.Decobecq, PDG de la Société Decobecq)

Achille Perceau DRH
Carnet de Dessins
Vous verrez, mon petit Martin. Au bout de quelques années, des liens subtils et imperceptibles finissent par vous attacher à l'entreprise.
Serguei, *La vie exemplaire de l'employé de bureau*, © Ed. Denoël
LA CULTURE D'ENTREPRISE
DIRECTION DES RESSOURCES HUMAINES

GUICHET NEUF

(EXTRAITS D'UNE COMÉDIE EN 3 ACTES DE RENÉ DROIN ET MICHEL FUSTIER[1]).

PÉNÉLOPE, jeune standardiste-réceptionniste dans une administration, ne sait pas tellement bien s'y prendre avec les usagers qu'elle reçoit à son guichet, le guichet 9. Son amie Alice vient de suivre une formation à la qualité et a été chargée de former à son tour Pénélope ... qui devient une excellente élève.

*

* *

PÉNÉLOPE *(d'assez mauvaise humeur, se polissant les ongles, à un usager qui vient d'entrer)* - Par ici, Monsieur, guichet 6 ... là-bas, au fond, oui, vous ne voyez pas ... ? *(décrochant le téléphone après avoir laissé sonner longtemps)* Oui, ici la C.R.A.S ... non : la C-R-A-S... Caisse Régionale des ... C'est ça. Ne quittez pas, je vous le passe. *(A un autre usager, sans quitter le téléphone) Guichet 32.* (A un autre usager) *Guichet 12, au sous-sol. ...* (Au téléphone). Si ça ne répond pas, c'est qu'il n'est pas là... Non Monsieur ... Non, je ne suis pas sa secrétaire ... Si vous croyez qu'il me tient au courant ! *(Elle raccroche)...* Sais pas pour qui ils me prennent ! *(A un autre usager)* Guichet 12 ... *(Décrochant le téléphone avec un soupir)* ... Monsieur comment ? ... Non, je ne connais pas ... je vous dis que je ne connais pas, ce n'est pas ici. *(Elle raccroche. A l'usager précédent qui ne sait pas où aller)* Au sous-sol ... *(A un autre usager)* Faites voir votre dossier... Il manque la moitié des pièces ... Revenez quand votre dossier sera complet ... Mais qu'est-ce que vous voulez que j'y fasse ? Vous êtes tous les mêmes ! on vous envoie une feuille où tout est marqué : vous ne prenez même pas la peine de la lire. Une facture de gaz, ce n'est pas une facture d'électricité ! Et votre copie de carte d'identité qui n'est même

1) Deux interprètes, durée 30 minutes. Cette pièce, ainsi qu'un certain nombre d'autres pièces d'entreprise, est commercialisée par **Théâtre et Congrès.** Voir bas de la page 189.

pas certifiée ... On n'a pas que ça à faire ... Je ne viens pas travailler pour avoir des problèmes ... je suis fonctionnaire, moi, Madame ... Moi aussi, Madame, j'habite à perpette, et si vous croyez que ça m'amuse de faire trois quarts d'heures de bus deux fois par jour pour me taper des gens qui ne lisent même pas ce qui est écrit ... La vie n'est drôle pour personne, Madame...

Arrive son amie Alice, qui vient de suivre un stage de trois jours de formation à la qualité. Elle considère Pénélope à bout de nerfs "assaisonner" ses visiteurs et lui annonce :

ALICE - Ils m'ont nommé monitrice ... Ils m'ont dit : Vous avez été une si bonne élève qu'on vous a nommé monitrice !

PÉNÉLOPE - Ça veut dire quoi ?

ALICE - Ça veut dire que, ce que j'ai appris pendant le stage, il faut que je l'explique aux autres, qui ne sont pas venus ...

PÉNÉLOPE - Tu vas t'amuser !

ALICE - ... Justement, il faut que je commence par toi.

PÉNÉLOPE - Par moi ? Alors c'est ça, cette note que j'ai reçue ce matin ... Je n'y comprenais rien. "Nous avons l'honneur de vous faire savoir que ..." Madame Deloutre, c'est toi ?

ALICE - Mais oui, c'est moi.

PÉNÉLOPE - Tu vois, je ne connaissais même pas ton nom de famille ... Et une "approche qualité", c'est quoi ? Qu'est-ce que la qualité vient faire là-dedans ?

ALICE - C'est compliqué comme ça à dire en deux mots ... Ça consiste à très bien faire ce qu'on fait.

PÉNÉLOPE - Ah parce que moi, je ne fais pas bien ce que je fais ? Dis-le tout de suite que je ne connais pas bien mon boulot. Avec tous les concours que j'ai passés pour devenir fonctionnaire ... Et mon expérience !

ALICE - Ne te fâche pas. Moi aussi je croyais que je savais. Mais je t'assure, maintemant que j'ai suivi ce stage ...

PÉNÉLOPE - Tu t'es drôlement fait embobiner!

*

* *

Plusieurs mois plus tard, dans le bureau d'Alice. Les choses ont bien changé ... et Pénélope aussi ! Alice apprend à Pénélope que sa proposition pour modifier le nom de la CRAS en celui de CREM a été acceptée par les supérieurs et, en vue de son prochain examen pour devenir "qualifiée-qualité", lui fait réciter une dernière fois son "catéchisme". Les nouvelles idées sont tellement révolutionnaires que même Pénélope, par moments, est saisie par le doute. Exemple :

ALICE - Laisse-leur le temps ... Comment doit se comporter le fonctionnaire en présence de l'usager ?

PÉNÉLOPE - L'usager doit avoir l'impression que le fonctionnaire auquel il s'adresse n'est pas un seigneur dans sa forteresse, mais un ami qu'il connaît de longue date, qui prend en main son problème, se charge de ses intérêts ; et le conduit fidèlement jusqu'à la meilleure des solutions ... Dis donc, tu es sûre qu'ils sont d'accord ?

ALICE - Qui ?

PÉNÉLOPE - Les chefs !

ALICE - Bien sûr qu'ils sont d'accord. Ils ne peuvent pas ne pas être d'accord : j'ai pris les conférences du séminaire, j'en ai extrait les passages les plus importants, j'en ai fait une sorte de petit catéchisme. Manquerait plus que ça qu'ils ne soient pas d'accord !

PÉNÉLOPE - Tu me garantis que je peux vraiment tout dire ? Ils y croient, à ton "catéchisme" ?

ALICE - Mais oui. Je continue. Qu'appelle-t-on "coûts cachés" ?

PÉNÉLOPE - Ce sont les dépenses inutiles dont on pourrait faire l'économie si on avait le courage de les regarder en face. Vraiment, ça aussi, ils sont au courant ?

ALICE - Naturellement. A combien peut s'élever le montant des coûts cachés ?

PÉNÉLOPE - Parfois à vingt ou trente pour cent du budget. Ils le savent ?

ALICE - Bien sûr. Et même ça les empêche de dormir ! Nous sommes assises sur un trésor, ma petite Pénélope!

ou encore :

ALICE - Voyons ... Quels sont les devoirs du fonctionnaire vis-à-vis de lui-même ?

PÉNÉLOPE - Il doit rester vivant ...

ALICE - Ce qui veut dire ?

PÉNÉLOPE - Ce qui veut dire qu'il ne doit pas accepter d'être toute sa vie confiné dans les mêmes tâches d'exécution et doit profiter de toutes les occasions pour faire des stages, changer d'emploi, s'ouvrir sur l'extérieur et apprendre de nouvelles choses. La qualité est à ce prix ... J'oserai jamais !

ALICE - Mais si !

PÉNÉLOPE - Ou alors c'est que je les connais bien mal !

ALICE - Bien sûr, ce sera long. Il y a des habitudes qui datent de plusieurs siècles. C'est une véritable révolution culturelle ... C'est difficile de changer. Monsieur Muller a fait marrer tout le monde en disant qu'il n'y a que les bébés mouillés qui aiment le changement ...

Tout est passé en revue au cours de cette révision : les cercles de qualité, l'image de marque (et la meilleure manière de la ruiner), l'esprit d'initiative, la notion de client dans l'administration, la confiance, et même le consensus, qui vaut à Pénélope cette répartie inattendue :

ALICE - Qu'est-ce que le consensus ?

PÉNÉLOPE - C'est quand tout le monde est d'accord sur tout ... Quand je pense qu'il y a trois mois, quand on me disait "consensuel", ça me faisait tout de suite penser à mon copain, celui d'avant Lucien. Consensuel ... Pose-moi encore des questions.

*
* *

A la dernière scène, le guichet 9 s'est transformé en guichet... neuf : c'est un vrai petit salon de réception où Pénélope joue la maîtresse de maison sous les yeux attendris d'Alice :

PÉNÉLOPE - Monsieur Gaillard, ne vous faites pas de souci, tout se passera très bien. (...) Voulez-vous encore une tasse de thé, Madame Doubin ? ... sans façons ? alors un petit gâteau : voilà. (...) Voulez-vous que je vous fasse un peu de lumière, Monsieur Delroso, vous allez vous arracher les yeux à lire ces petites lettres.

Elle reçoit même des immigrés :

Delighted, Mister Morrison, ... window number eleven.

Entrez, Monsieur Habib ... Quelle surprise ! Vous avez une mine magnifique ... C'est pour moi, ce bouquet de fleurs ? Comme elles sont belles !

Elle est aux petits soins pour tout le monde :

(Le téléphone sonne) Ah ! *(Elle décroche et écoute)* Monsieur Gaillard, c'est votre tour. Je vous appelle l'ascenseur, vous montez au septième, Gilbert vous attend sur le palier ... Gilbert ? c'est le sous-directeur ... Ça se passera très bien.

Et c'est à Alice que revient de tirer le morale de la pièce :

ALICE - *(qui a jusqu'ici regardé Pénélope évoluer au milieu de son petit monde)* - Evidemment, vous me direz, tout ça, c'est du théâtre. C'est facile, au théâtre ... Pénélope lève-toi, Pénélope souris, Pénélope, sois intelligente ... il suffit de mettre une indication de scène et le miracle a lieu. Le théâtre quelle merveille ! ... Mais dans la réalité ... Vous êtes ici au pied du mur ! Eh bien dans la réalité, nous ne pouvons, toutes les deux, vous dire qu'une chose ... C'est à vous de jouer ! Notre tâche est terminée, c'est à vous de prendre le relais : comme vous voudrez, quand vous voudrez où vous voudrez. La seule chose dont nous soyons sûres, c'est que dans tous les cas, votre pièce sera bien meilleure que la nôtre !

❑❑❑❑❑

INSTRUCTIONS POUR INSTRUCTIONS

L'Assurance Qualité ne date pas d'aujourd'hui ....

Sait-on que le Sanctuaire qui fut commandé par Dieu comme témoignage visible de sa présence parmi son peuple fut érigé suivant une procédure où rien n'était laissé au hasard *(Livre de l'Exode*, XXV à XXXIX) ?

Les matériaux, les équipements, les structures, la qualification du personnel même, font l'objet d'instructions précises et détaillées, décrivant la manière dont doivent être réalisées les trois parties du Temple : la cour extérieure, l'autel des sacrifices et le Saint des Saints. Et à la fin, une fois le travail terminé, Moïse vérifie soigneusement, point par point, la conformité du travail avec la spécification.

L'Assurance Qualité, on l'a vu dans le Conte de l'Eléphant Rose, nécessite de dire de ce que l'on va faire, puis de faire ce que l'on a dit, et enfin de garder la preuve de tout cela. Cette règle a une conséquence inévitable, c'est la multiplication des papiers, et il y a un certain nombre de défauts dans lesquels il vaut mieux ne pas tomber. Plus d'un s'y est fait prendre.

1er risque

Confondre l'A.Q. et l'*AQ-mulation* de la paperasse ! Plus le Manuel Qualité sera gros, plus les recueils de procédures, d'instructions, de compte-rendus, etc, seront volumineux, et plus le client sera content ... On sait maintenant ce qu'il faut penser de cette théorie : la Qualité n'y trouve pas toujours son compte, hélas !

2ème risque

Ecrire des instructions incompréhensibles par ceux qui auront à les utiliser. Savez-vous que les Américains ont mis au point un *Fog Index*, une sorte d' "*indice de nébulosité*", qui caractérise la compréhensibilité d'un texte écrit ? Vous prenez un échantillon d'au moins 100 mots. Vous calculez le nombre moyen de mots par phrase (MPP). Puis vous comptez le nombre de mots contenant au moins 3 syllabes, que vous divisez par le nombre total de mots, pour obtenir le pourcentage de mots longs (PML). Enfin, vous ajoutez MPP et PML, vous multipliez le résultat par 0,4, et vous obtenez le *Fog Index*. Cet index, tenez-vous bien, vous donne le nombre approximatif d'années de scolarité nécessaires pour comprendre facilement le passage en question ! Des exemples : le *Fog Index* est de 6 pour les livres comiques, de 8/9 pour le Reader's Digest, de 10/11 pour le Wall Street Journal, de 12 pour Scientific American. Pour les procédures Qualité, il est recommandé un *Fog Index* moyen de 10 et en tous cas inférieur à 12. A vous de jouer ! (1)

3ème risque

Ne pas appliquer les instructions. Faites le petit test proposé ci-contre, et nous en reparlerons plus tard.

ADAM ET EVE CHASSÉS DU PARADIS TERRESTRE :
– On aurait dû respecter la procédure !

---

(1) Horreur et consternation : le *Fog Index* du paragraphe ci-dessus est de ... 16 ! !

Prenez un crayon, lisez chacune de ces phrases et écrivez les mots VRAI ou FAUX aux places prévues à cet effet :

.... *1 – Pour écouter il suffit d'être tranquille et de regarder la personne qui vous parle*

.... *2 – Les gens intelligents sont ceux qui écoutent le mieux.*

.... *3 – L'amélioration de l'aptitude à l'écoute ne peut pas s'enseigner.*

.... *4 – Plus l'on vieillit, plus l'on est capable d'écouter.*

.... *5 – L'écoute n'est qu'une affaire de compréhension de la langue.*

.... *6 – L'homme moyen parle plus qu'il n'écoute.*

.... *7 – Lorsque vous avez appris à lire, vous avez en même temps appris à écouter.*

.... *8 – Parler est plus important qu'écouter dans le processus de la communication.*

.... *9 – Ecouter ne demande pas d'effort.*

.... *10 – Mieux vous entendez, mieux vous écoutez.*

Allez jusqu'au bout du questionnaire avant d'aller voir les réponses page 188.

4ème risque

Oublier peu à peu le contenu du Manuel, des Procédures, des Instructions. Ce défaut s'appelle aussi *dérive*. Le remède est de faire de temps en temps à l'ensemble du personnel des piqûres de rappel sur le contenu de ces documents. Pratiquer en quelque sorte l'*AQ-puncture*...

> *Responsables de Services Assurance Qualité, pour tenir à jour votre Manuel, vos Procédures, utilisez l'**EPONGE A.Q**. En vente dans toutes les bonnes drogueries.*

5ème risque

Ne pas classer ou mal classer tous les documents. Ce problème ne date pas d'aujourd'hui. Déjà en 1727, Monseigneur Massillon, évêque et académicien qui ne prononçait pas que des Oraisons Funèbres, déplorait le manque de soin, dans ce domaine, de ses curés de campagne :

Nous avons été, dans nos visites, scandalisés de la négligence de plusieurs curés sur un point aussi essentiel. Les états du diocèse, les ordonnances de nos rois, les peines rigoureuses qui y sont portées contre des contrevenants, l'intérêt public même, ne les touchent point : les baptêmes, les mariages, les certificats mortuaires, c'est-à-dire tout ce qu'il y a de plus sacré et qui fait toute la sûreté de l'Etat et de la Religion, tout cela n'est écrit que sur des feuilles volantes, sans ordre, sans soin, sans précaution. Des titres si augustes et si saints sont dispersés à l'aventure comme des papiers de rebut.

❑❑❑❑❑

L'Assurance de la Qualité est à la Qualité de l'Assurance ce que l'Analyse de la Valeur est à la Valeur de l'Analyse. Et réciproquement. (D'après P.Dac).

JAPONIAISERIES

S Sainte-Beuve traitait de "Carthachinoiseries" le Salammbô de Gustave Flaubert. Pierre Loti est l'auteur, lui, des "Japoneries d'automne". Mais qui est l'inventeur de ce mot-valise bien peu aimable : "Japoniaiseries" ?

Est-ce un "haut responsable du gouvernement", comme le prétend (en 1983) Hervé Sérieyx, sans toutefois lâcher de nom ? Est-ce René Robin, qui se qualifie lui-même d'infatigable "coureur de Japon" ? Est-ce enfin Favilla, l'éditorialiste des Echos, titrant, en 1982, "Japaniaiseries" (avec un a) un article plutôt méchant ?

Le vrai péché industriel est d'inventer chez soi ce qui a été trouvé ailleurs (H. Sérieyx)

La question reste posée, mais en attendant que quelqu'un nous fournisse la réponse, il nous faut bien aborder le sujet du Japon.

Parce que d'une part, n'en déplaise à ceux à qui la seule évocation du Japon fait pousser des boutons, ce peuple aux yeux bridés est bien celui qui, champion reconnu de la Qualité, a ouvert ceux de l'Occident, et que d'autre part les Japonais ont un sens élevé de l'Humour.

Bien déroutant, ce pays, dont on a pu dire : On y passe une semaine, on écrit un livre. On y passe un mois, on écrit un article. On y passe un an, on n'écrit plus rien du tout ! Et pourtant, on ne peut parler de Qualité avec quelque crédit si l'on n'est pas allé, au moins une fois dans sa vie, au Japon ! A défaut de comprendre sa langue, ou sa culture, ou simplement ce qui s'y est passé depuis une trentaine d'années, on peut toujours glisser au hasard de la conversation, quelques expressions "bien de chez eux" qui vous posent leur homme. Voici quelques tuyaux qui, habilement utilisés, devraient faciliter votre ascension professionnelle.

Ainsi, ne dites plus : Cercles de Qualité, mais *Jishu Kanri*, ou à la rigueur *Q.C.C.* (c'est souvent ainsi qu'eux-mêmes les désignent). Ne parlez pas de Consensus, mais de *Ringi*. Ne mettez pas en place dans vos ateliers ou vos bureaux des trucs ou des machins destinés à empêcher les erreurs, mais des *Poka-Yoké*. Faites, vous aussi, la chasse aux 3 M (*Muri, Muda, Mura*), c'est-à-dire aux excédents, aux gaspillages et à l'irrégularité. Pratiquez, comme eux, les 4 S (*Seiri, Seiton, Seiso, Seketsu*), c'est-à-dire le rangement, la mise en ordre, le nettoyage et la propreté. Ajoutez-y même, si vous le souhaitez, un cinquième S, celui de *Shitsuke*, la discipline. Glissez dans la conversation que vous vous intéressez au *Kaisen*, et parlez de *Taguchi*, *Imai* et *Nemoto* comme si vous les connaissiez personnellement.

Ne dites plus que vous êtes en relation avec un Président d'Osaka, mais avec un *Shasho*. Ni que vous rencontrez régulièrement le Directeur Général Adjoint d'une grande société commerciale, mais le *Semmu Torishimariyaku* d'une *Shosha*, voire d'une *Sogo Shosha*.

Alors on vous prendra alors peut-être au sérieux !

❑❑❑❑❑

LECTURE

HISTOIRE VRAIE

La scène se passe il y a quelques années à l'issue d'une réunion d'information sur la Japon destinée aux cadres d'une grande Société.

L'un d'entre eux, ébranlé par ce qu'il vient d'entendre, demande à son voisin de table, ancien légionnaire, Indochine, Algérie, reconverti dans la fonction Personnel:

– Qu'est-ce que tu penses de tout ça, toi ?

– Les Japs, on les a eus en 45, on les aura encore cette fois !

HISTOIRE FAUSSE

Un habitant de Givors (Rhône) ayant gagné au loto va enfin pouvoir réaliser son rêve : parcourir le monde. Il décide de visiter le Japon, et comme il n'est pas pressé il choisit d'y aller par le train. Il se rend donc à la gare et demande un billet de 2ème classe pour Tokyo.

– C'est absolument impossible ici, lui dit-on. Allez voir à Lyon, peut-être que là-bas ...

Notre homme se retrouve à la gare de la Part-Dieu, et pose la même question :

– Un billet de 2ème classe pour Tokyo, s'il vous plaît.

– Désolé, Monsieur, nous ne pouvons émettre ce genre de titre de transport ici. Essayez à Paris, avec un peu de chance ...

TGV, gare de Lyon, gare de l'Est, notre Givordin finit par atterrir rue Saint-Lazare, au Siège de la SNCF, obtient non sans mal son billet, et s'embarque.

Ayant épuisé ses ressources, après un séjour de cinq semaines au Japon parcouru de long en large, il se rend à la gare du village où il se trouve, pour acheter son billet de retour :

– Je voudrais un billet de 2ème classe pour Givors, s'il vous plaît, demande-t-il en articulant soigneusement.

– Bien sûr, Monsieur, lui répond l'employé avec un grand sourire. Givors-Ville ou Givors-Canal ?

Nota : cette histoire peut servir dans toute ville possédant au moins deux gares...

LES VACANCES : UN VRAI PROBLEME CULTUREL !

Comment des vacances ? Mais je vous en ai déjà donné l'été dernier !

L'ESPRIT DES LOIS ...

Pour ces penseurs profonds le rire est trop bourgeois
Et leur comique est gai comme l'esprit des lois.
C.Delavigne

LOI DE LENZ ET LOIS DE MURPHY

Henri Lenz (1804-1865) est un physicien russe, auteur d'une loi physique bien connue des électriciens, qui porte son nom et qui s'énonce ainsi :

Toute variation de flux dans un circuit fermé produit un courant tel que le flux qu'il crée tend à s'opposer à la variation du flux inducteur.

et qu'il est facile de généraliser dans une formulation moins ésotérique :

Tout évènement heureux engendre automatiquement l'évènement malheureux correspondant (1).

Edsel Murphy est un illustre inconnu, ingénieur allemand, auteur d'une loi générale qui porte son nom et qui comporte cinq articles :

1.- Dans toute tentative, tout ce qui peut mal tourner tournera mal
2.- Laissées à elles-mêmes, les choses vont toujours de mal en pis
3.- Si plusieurs choses peuvent mal tourner, celle qui tournera mal est celle qui causera le plus de dommage
4.- La nature se range toujours du côté du défaut caché
5.- Si tout semble aller bien, vous avez manifestement oublié quelque chose.

On constate que ces deux textes légifèrent sur le même sujet : l'obstination diabolique que met la nature à nous contrarier. La nature *fait rien qu'à nous embêter*, comme diraient les jeunes d'aujourd'hui.

---

(1) A noter qu'il existe la loi réciproque, que les Shadocks énonçaient ainsi : *Plus ça rate, plus ça va marcher.* Le commun des mortels exprime cela en disant: *Tout finit toujours par s'arranger !*

En France, pays de la "bonne bouffe", ce phénomène est connu sous le nom de *loi de la tartine de beurre* : une tartine de beurre tombant par terre tombera toujours la face beurrée contre le sol. Le bon peuple l'appelle aussi *loi de l'emm.... maximum.*

Cette loi générale peut s'énoncer de multiples façons dans le domaine de la Qualité. Par exemple, et de manière très générale :

La Qualité vient quand on s'en occupe, la mauvaise Qualité, elle, vient toute seule.

Autres formulations plus spécialement appliquées à des secteurs particuliers de l'entreprise :

<u>Au Bureau d'Etudes</u> :

– Les modifications les plus importantes sont toujours demandées lorsque toute l'étude est pratiquement terminée.
– Plus un changement de conception paraît anodin, plus ses conséquences sont catastrophiques.
– Si une erreur est susceptible de se produire dans un calcul, elle se produira, et toujours dans le sens qui provoquera les résultats les plus catastrophiques.
– Tout dépôt de brevet s'accompagne d'une demande semblable déposée par un concurrent la veille au soir.
– Toutes les constantes sont variables.
– Dans tout calcul, c'est le chiffre qui paraît le plus juste qui est faux.

<u>En Fabrication</u> :

– Tout fil coupé à longueur est trop court.
– Les tolérances s'additionnent toujours du même côté, et du côté le plus défavorable.
– S'il faut *n* composants pour réaliser un ensemble, il y en aura *n-1* en stock.
– Un moteur tourne toujours dans le mauvais sens.
– La probabilité de défaillance d'un composant est inversement proportionnelle à sa facilité de réparation ou de remplacement.
– Ce sont toujours les produits les plus fragiles qui tombent.
– Un disjoncteur déclenche toujours trop tard.
– Ce n'est qu'après avoir enlevé les 14 vis d'un panneau d'accès qu'on s'aperçoit que ce n'est pas le bon.
– Ce n'est qu'après avoir fixé les 14 vis d'un panneau d'accès qu'on s'aperçoit qu'on a oublié de mettre le joint.
– Quand un appareil est complètement assemblé, il reste encore des composants sur le plan de travail.
– Quand les quatre possibilités pour que ça ne marche pas ont été éliminées, il en apparaît une cinquième non prévue.

Aux Spécifications :

– Les conditions ambiantes indiquées dans les spécifications sont toujours dépassées dans les conditions réelles d'utilisation.

– Un facteur de sécurité calculé largement d'après l'expérience pratique s'avère toujours trop juste.

– Dans toute estimation de prix, le coût réel dépasse les prévisions d'un facteur d'au moins deux.

– C'est le paramètre le moins suspect qui sera à l'origine du plus grand nombre de défauts.

Au Contrôle :

– Tout dispositif pris au hasard dans un ensemble fiable à 98 % fait automatiquement partie des 2 % restants.

– Des pièces identiques contrôlées de la même façon se comporteront toujours de manière différente en service.

– Les enregistreurs graphiques déposent davantage d'encre sur les doigts que sur le papier.

– Une panne se révèle toujours après que l'appareil a subi le contrôle final.

– Un produit livré par un fournisseur n'est conforme que le temps de subir le contrôle d'entrée.

Vous pouvez noter ci-dessous les manifestations des lois de LENZ ou de MURPHY que vous avez personnellement constatées.

....

....

....

....

....

....

....

....

....

....

....

....

....

....

LOI DE PARKINSON

Elle n'a rien à voir avec la maladie du même nom

C. Northcote Parkinson (né en 1909) est un journaliste britannique auteur en 1957 d'un livre intitulé *"Parkinson's Law, or The Pursuit of Progress"*, dans lequel il expose sa théorie, tirée de l'observation du comportement de l'administration de sa gracieuse Majesté, et selon laquelle : *Plus on dispose de temps pour accomplir un travail, plus ce travail prend de temps* (en anglais : *Work expands so as to fill the time available for its completion*)

Application :

Bien que la Loi de Parkinson concerne en priorité l'efficacité (donc la qualité) du travail administratif, elle est facilement généralisable à tous les secteurs d'activité, et en particulier à la productivité du Service ... Qualité !

LOI DU MOINDRE EFFORT

Elle s'énonce ainsi : *Entre plusieurs solutions possibles, l'homme choisira toujours celle qui lui demande le minimum d'effort immédiat*

Application :

– On préfère agir avant de réfléchir, et en particulier, on n'aime pas naturellement faire de la prévention

– En présence d'un changement qui va affecter ses habitudes, l'homme fera preuve du maximum de résistance

LOI DES SERIES

Elle s'énonce ainsi : *Un évènement malheureux n'arrive jamais seul.*

Variante : *Jamais deux sans trois.*

C'est un cas particulier des lois de Murphy et de Lenz (voir ci-dessus).

LOI DES 80 - 20

On l'appelle aussi *Loi de PARETO*, du nom d'un économiste italien qui avait remarqué que 80 % des richesses appartiennent à 20 % de la population, et d'une manière plus générale, qu'un nombre limité d'éléments (ici les riches) sont à l'origine de l'essentiel d'un phénomène (ici la répartition des richesses).

Nota : il est rare en pratique que la somme des deux chiffres soit, comme dans la formulation générale de la loi, égale à 100. Exemple : si 60 % des communications téléphoniques sont le fait de 15 % des abonnés, on ne dira pas qu'on a affaire à la loi des 60-15, mais bien toujours à la loi des 80-20. C'est la raison pour laquelle il vaut mieux parler de la loi de PARETO que de la loi des 80-20. Et comme il n'y a aucune raison d'attribuer à une personne, surtout si c'est un étranger, une loi universelle, il vaut encore mieux écrire loi de PART ET TAUX ! (2)

Application :

– 20 % des défauts représentent 80 % du coût de la non-Qualité

– Les ouvriers (80% du personnel) n'ont un pouvoir d'action que sur 20% de la Non-Qualité.

– Ou, exprimé à l'envers, d'une manière plus percutante pour la Direction : 80% des défauts viennent du management (soit 20% du personnel)

AUTRES LOIS

Il y a encore d'autres lois plus ou moins directement liées à la Qualité. C'est ainsi que dans l'ordre chronologique, on peut citer :

La Loi SCRIVENER (sur les certificats de qualification),

La Loi LALUMIERE (sur la protection des consommateurs),

Les Lois AUROUX (sur l'expression des salariés).

Mais elles ont moins d'esprit !

❑❑❑❑❑

(2) Par exemple : PART de la population responsable d'un TAUX de réalisation....

LA PARTICIPATION

MATHEMATIQUES ELEMENTAIRES

LA QUALITE EN FORMULE

Mettre la Qualité en équation .... Pouvoir "calculer" la Qualité .... Avoir une belle formule du type "Q = quelque chose", aussi compliquée que l'on voudrait (avec l'informatique, aujourd'hui ...). Pouvoir pianoter sur sa calculette ou son mini-ordinateur et y entrer les valeurs des différents paramètres. Obtenir en un centième de seconde un chiffre, LE chiffre, qui mesurerait la Qualité, définitivement !

LE chiffre qui servirait à comparer d'une manière irréfutable le niveau Qualité de différentes entreprises, ou d'une même entreprise à différentes époques. LE chiffre qui permettrait d'attribuer sans contestation possible les primes au personnel ou les aides de l'état, de donner d'un seul coup d'un seul des certifications, des homologations et autres accréditations, de désigner mathématiquement les lauréats des concours Qualité ...

La Mesure (avec un grand M) de la Qualité (avec un grand Q)(1) !

Comme tout serait merveilleusement simple !

Un rêve ... Un rêve de polytechnicien ...

Voyons seulement. Car d'aucuns s'y sont essayés. Si le résultat est à la hauteur de vos attentes, c'est à vous de le dire .

---

(1) Que la Non-Qualité soit un handicap pour les entreprises, cela ne fait plus de doute pour personne. Mais la Qualité elle-même a son propre handicap : sa première lettre ! Certes c'est moins grave que par exemple pour l'adjectif "concupiscent" triplement concerné, ou le verbe "allécher", dont la deuxième personne du pluriel de l'imparfait de l'indicatif est difficile à caser. Mais ce peut être parfois bien gênant tout de même. En particulier lorsqu'il faut distinguer la Qualité au sens ancien du terme (les performances techniques du produit) de la nouvelle Qualité, la Qualité Totale, la Qualité ... avec un grand Q !

Ce cher vieux professeur Basile, de l'Université de Louvain (Belgique), nous rapporte du Japon la première formule que voici :

$$\rho = \frac{I \times m \times c}{E \times p \times s}$$

Cette formule au demeurant fort simple mesure le degré de qualité d'une industrie (ρ) en fonction de la quantité d'information (I), du degré de miniaturisation (m) et de la culture des intervenants (c) d'une part, de la quantité d'énergie utilisée (E), de la pollution de l'environnement (p) et de la "turbulence syndicale" (s) d'autre part. C'est simple, il suffisait d'y penser.

La deuxième formule est encore plus simple, puisqu'elle ne comporte même pas de dénominateur. La voici :

$$E_g = e_d\,(e_h \times h + e_m \times m)$$

E_g : efficacité de la gestion de la qualité d'une entreprise donnée

e_d : coefficient d'engagement à la qualité du dirigeant de l'entreprise

e_h : efficacité du programme de motivation des hommes

e_m : efficacité de la méthodologie qualité, c'est-à-dire du programme de construction et d'assurance de la qualité

h : poids du paramètre "hommes"
m : poids du paramètre "méthodes".

Ici l'auteur (2) donne quelques tuyaux très utiles. Vous ne savez comment apprécier e_m ? C'est très simple, il suffit de mesurer, pour chacune des fonctions de l'entreprise, *"le degré de pénétration du concept de qualité par la mise en œuvre qui en est faite grâce à une méthodologie appropriée"* (sic)

Mathématiques .... élémentaires, mon cher Watson !

Ces formules ne vous satisfont pas ? Au diable l'avarice, en voici une autre, qui devrait vous rappeler quelque chose :

$$E = M\,C^2$$

Comme la Qualité, tout le monde sait ça, c'est aussi l'Efficacité, ou encore l'Excellence, on peut traduire cette formule, au choix, par :

Efficacité = Motivation × Culture × Comportement

ou

Excellence = Motivation × Compétences × Culture commune (3)

---

(2) *Et si nous parlions un peu de Qualité totale ...*, par G. Sertour (Qualité, Industrie, Contrôle, n° 1, 1986)

(3) Formules dues à M. Descarpentries, PDG Groupe Carnaud

LA QUALITE GEOMETRIQUE

Passons maintenant à la géométrie, et plus précisément à la géométrie dans l'espace .

Désireux de faire apparaître de façon frappante les relations entre les trois paires de pôles opposés que sont :

– l'ordre (donné par le chef) et le choix (fait par l'opérateur)
– l'exécution (d'un ordre ou d'un choix)
– le contrôle (par un contrôleur) et l'auto-contrôle (par l'opérateur)

cet auteur (4) fait appel au *schéma sphérique* d'Abellio. Lisons :

> *Figurons sur une sphère deux pôles et sur l'équateur deux diamètres perpendiculaires (voir figure). Nous pouvons détailler dans le plan de l'action : le choix de l'objectif, la préparation du travail, l'exécution de celui-ci et la mesure, quatre étapes tout à fait classiques. Après avoir choisi l'objectif, préparé et exécuté le travail, un produit apparaît au pôle inférieur, mais celui-ci ne sera «détaché» de l'acteur qu'après mesure et corrections éventuelles selon le même chemin.*

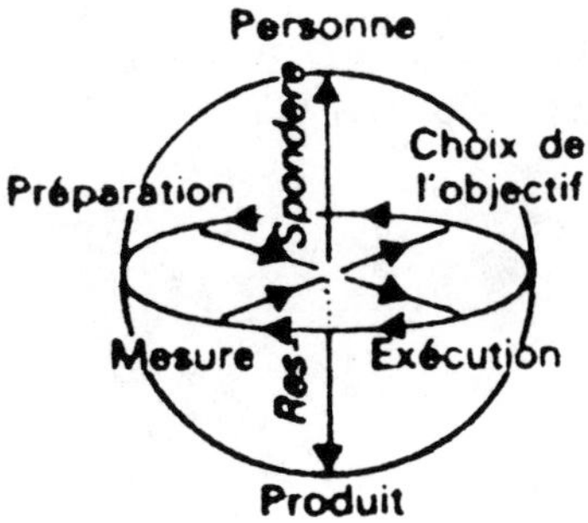

Il continue en dérivant sur l'électromagnétisme :

> *Entre les pôles préparation-exécution, il y a le travail, le don de soi ; entre les pôles mesure-objectif, il y a le contrôle, l'évaluation de soi. En parcourant en huit ces quatre pôles nous pouvons imaginer qu'ils sont parcourus par un courant qui induit un double champ dans lequel se réalisent simultanément le produit et la personne.*

Il faut reconnaître que cette représentation est astucieuse qui montre le double résultat d'une action : en bas un "produit" qui tombe comme un fruit mûr, en haut la "personne" qui s'élève et sort grandie de son travail.

Le schéma sphérique d'Abellio est encore mis à contribution par le même auteur pour illustrer la problématique de l'assurance qualité et celle des cercles de qualité. Nous nous contenterons de donner sans commentaires les "sphères" correspondantes, laissant au lecteur le soin de les interpréter ... ou de se reporter à l'article d'origine (5).

---

(4) *La mutation déclenchée par les Cercles de Qualité,* par J. Chové (Harvard- Expansion, Eté 1982)

(5) Est-ce un hasard si deux des auteurs cités jusqu'à présent sont polytechniciens ?

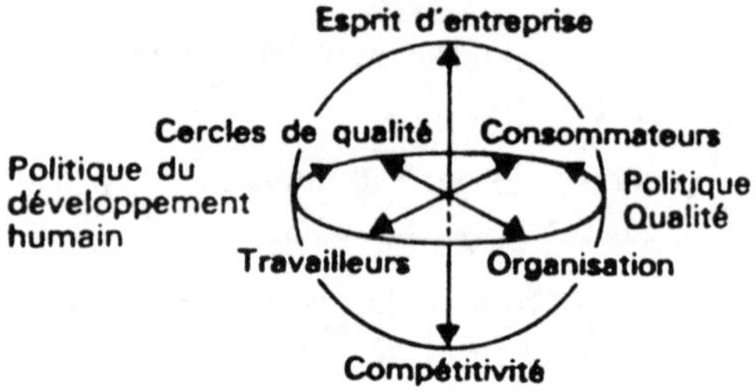

Ne quittons pas la géométrie dans l'espace sans signaler cette erreur commise par JURAN. Comment se peut-il qu'un tel Pape de la Qualité ait pu commettre une erreur aussi monumentale ? C'est incroyable, et pourtant cela est. Que le lecteur (ou au moins le lecteur ayant l'esprit de géométrie sinon l'esprit de finesse) en juge.

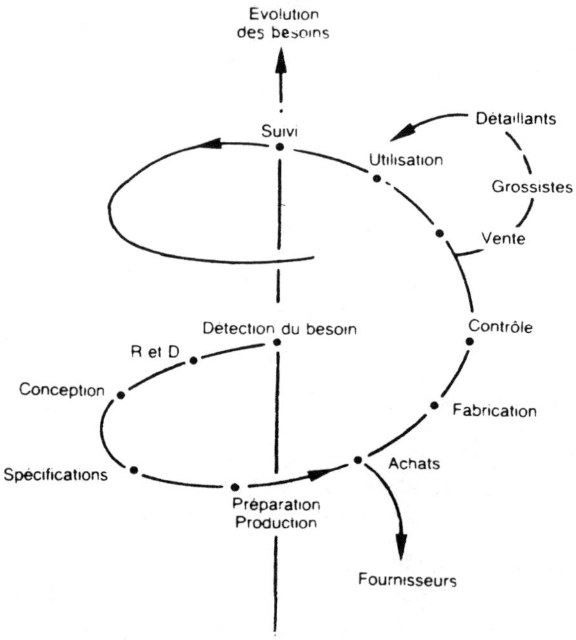

La "SPIRALE" de Juran

Tout le monde connaît la "Spirale de la Qualité" qu'a popularisée ce maître, qui montre comment dans un cycle qui n'est jamais terminé car les besoins des clients évoluent en permanence sur l'axe des temps, toutes les fonctions qui concourent à la réalisation du produit sont successivement concernées :

Eh bien cette fameuse "Spirale" n'en est pas une ! La courbe que nous donne Juran s'enroule en effet sur un cylindre droit de révolution, le cylindre des fonctions. C'est une hélice. Une spirale est une courbe plane qui s'éloigne de plus en plus de son centre.

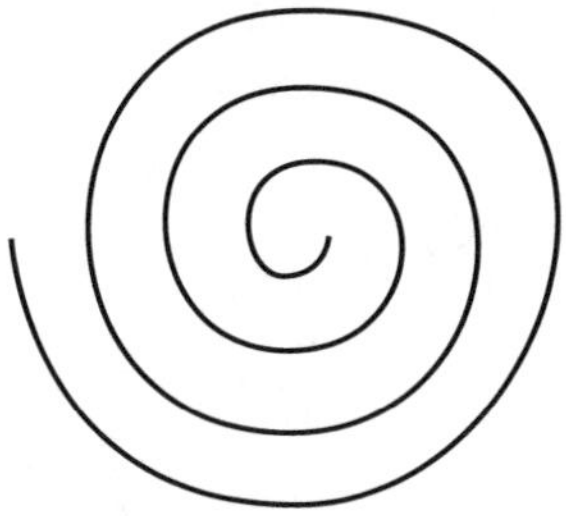

UNE SPIRALE

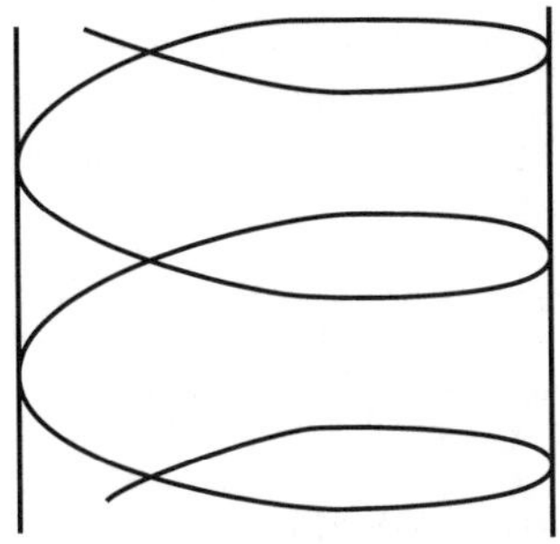

UNE HÉLICE

Est-il encore temps de remplacer la Spirale de Juran par l'Hélice de Juran ? la Spirale de la Qualité par l'Hélice de la Qualité ? Une Hélice qui ferait peut-être avancer la Qualité un peu plus vite !

LA QUALITE ALGEBRIQUE

Savez-vous ce qu'est une progression géométrique ? Oui ? Tant mieux pour vous. Sinon, lisez bien ceci :

Dans la fabrication des téléviseurs, un composant électronique peut se révéler défectueux. Si le défaut est détecté à la réception, lorsque le composant arrive de l'usine du fournisseur, le coût de cette défaillance est égal au coût du composant (ou à peu près) soit 0,30 F. Si ce même défaut est détecté en cours de montage, ce coût monte à 3 F. Si c'est au contrôle avant expédition, en bout de chaîne, c'est 30 F. Et enfin, si c'est chez l'utilisateur, c'est 300 F. Nous avons une magnifique progression géométrique de raison 10 .

Passons maintenant à des mathématiques un peu plus compliquées : connaissez-vous la fonction exponentielle ? Oui ? etc (voir ci-dessus) :

Si un appareil est constitué d'un seul élément et que cet élément a une probabilité de 1 % d'être défectueux, l'appareil aura lui aussi une probabilité de 1 % d'être défectueux, c'est-à-dire une probabilité de 0,99 de fonctionner correctement. Si cet appareil est constitué de deux éléments et que chacun de ces deux éléments a une probabilité de 1 % d'être défectueux, la probabilité pour l'appareil de fonctionner sera alors de 0,99 x 0,99, soit $0,99^2$, soit encore O,9801. On peut ainsi continuer longtemps ... et s'apercevoir qu'un appareil comportant 100 composants dont on peut tolérer, pour chacun d'entre eux, une probabilité de défaillance de 1 %, n'aura plus que 36 % de chances de marcher !

LA QUALITE ARITHMETIQUE

Toute cette mathématique de la Qualité est un peu compliquée pour le commun des mortels. Revenons donc pour terminer aux rudiments de l'arithmétique, grâce à cette opération élémentaire qui n'a pas connu tout le succès qu'elle eût mérité :

Partant de ce syllogisme, qui résulte de la définition même de la Qualité :

La Qualité fait le Client

Or le Client fait l'Entreprise

Donc la Qualité fait l'Entreprise,

on peut écrire les deux égalités suivantes :

QUALITE = CLIENT

CLIENT = ENTREPRISE,

qu'il suffit d'additionner membre à membre en simplifiant par CLIENT pour trouver :

	QUALITE	=	CLIENT
+	CLIENT	=	ENTREPRISE
	QUALITE	=	ENTREPRISE

Nota :

On peut d'ailleurs pousser l'opération un peu plus loin en écrivant :

ENTREPRISE = EMPLOI

pour s'apercevoir que l'on obtient, en simplifiant cette fois par ENTREPRISE :

QUALITE = EMPLOI

Intéressant : un langage que de plus en plus de gens comprennent !

❑❑❑❑❑

L'AFFAIRE MATSUSHITA

Nous allons gagner et l'Occident industriel va perdre : vous n'y pouvez plus grand'chose, parce que c'est en vous-mêmes que vous portez votre défaite.

Vos organisations sont tayloriennes, mais le pire, c'est que vos têtes le sont aussi. Vous êtes totalement persuadés de faire bien fonctionner vos entreprises en distinguant d'un côté les chefs, de l'autre les exécutants ; d'un côté ceux qui pensent, de l'autre ceux qui vissent.

Pour vous le management, c'est l'art de faire passer convenablement les idées des patrons dans les mains des manœuvres.

Nous, nous sommes post-tayloriens ; nous savons que le business est devenu si compliqué, si difficile et la survie d'une firme si problématique, dans un environnement de plus en plus dangereux, inattendu et compétitif, qu'une entreprise doit chaque jour mobiliser toute l'intelligence de tous pour avoir une chance de s'en tirer.

Pour nous, le management, c'est précisément l'art de mobiliser et d'engerber toute cette intelligence de tous, au service du projet de l'entreprise. Parce que nous avons pris, mieux que vous, la mesure des nouveaux défis technologiques et économiques, nous savons que l'intelligence de quelques technocrates, si brillants soient-ils, est dorénavant totalement insuffisante pour les relever.

Seule l'intelligence de tous ses membres peut permettre à une entreprise d'affronter les turbulences et les exigences de son nouvel environnement.

Qui n'a entendu ces paroles historiques du grand Konosuke Matsushita, industriel japonais s'adressant dans son bureau feutré à un groupe d'industriels français en visite au Japon en 1979 ? Une histoire répétée des dizaines ou des

Une entreprise qui ne sait pas où elle veut aller a peu de chances d'y arriver (Matsuchita)

centaines de fois par ceux qui ont entendu directement Matsushita (dont Hervé Sérieyx et Georges Archier), par ceux qui ont entendu ceux qui ont entendu Matsushita, ou par ceux qui ont entendu ceux qui ont entendu ceux qui ont entendu Matsushita ... Une démultiplication extraordinaire, relayée par tous les médias possibles, allant du plus modeste chef d'entreprise parlant à son encadrement jusqu'à des ministres, et non des moindres, en passant par les journalistes les plus connus du monde de l'économie. Certains, dans ce beau monde, n'ont pas hésité à raconter l'histoire comme s'ils avaient personnellement assisté à cette entrevue mémorable (1), ce qui conduirait à penser que pour contenir autant de monde le bureau de Matsushita devait avoir au moins la superficie de la salle Pleyel !

Eh bien, tenez-vous bien : cette histoire qui a fait réfléchir des centaines de responsables, cette histoire qui est à l'origine de prises de conscience innombrables, qui a provoqué des sursauts salutaires dans bon nombre d'entreprises françaises, cette histoire EST FAUSSE ! Cet entretien historique où le vieux Matsushita aurait prononcé ces paroles définitives n'a jamais eu lieu !

C'est Isabelle Orgogozo qui, la première, a eu quelques soupçons. Analysant (2) les moyens possibles pour casser le "jeu sans fin" qui paralyse nos entreprises, et essayant de voir si, parmi les méthodes proposées par l'Ecole de Palo Alto en thérapie familiale pour résoudre un problème analogue de manque de communication, il n'y aurait pas une réponse, elle découvrit que l'outil idéal était ce qu'on appelle le "défi extérieur". C'était tellement évident qu'il fallait bien que quelqu'un y eût pensé ! Poussés dans leurs retranchements, les auteurs de l'anecdote passèrent rapidement aux aveux : oui, c'était bien eux qui avaient mis ces mots dans la bouche de Matsushita pour mieux frapper leurs compatriotes et mieux les pousser à l'action grâce à ce "défi extérieur" à relever. Oui ils avaient péché. Mais ils plaidèrent les circonstances atténuantes : ils n'avaient pas trahi la pensée profonde des interlocuteurs rencontrés durant leur voyage, ils n'avaient fait que traduire en quelques phrases-chocs de multiples réflexions allant dans le même sens, mais exprimées de façon moins percutante, moins sévère, plus diplomatique aussi, que la formulation qu'ils en avaient donnée. Et puis surtout, c'était pour le bon motif : la fin, quand l'enjeu est la mobilisation de nos entreprises, leur survie et au-delà celle du pays tout entier, ne justifie-t-elle pas les moyens, lorsque ces moyens ne sont, tous comptes faits, qu'une bonne blague ? *Les Copains* de Jules Romains avaient fait bien pire pour un résultat autrement moindre !

Qu'Hervé SERIEYX et Georges ARCHIER soient donc pardonnés par la nation reconnaissante !

❑❑❑❑❑

(1) Quelle ne fut pas la stupéfaction d'un groupe de membres de l'AFCERQ quand, à la fin d'un diner-débat organisé par une Association de chefs d'entreprises, l'invité du jour, un Ministre très connu, qui fut un temps candidat à la magistrature suprême mais se contenta de Matignon, commença : « Me trouvant un jour au Japon dans le bureau d'un grand dirigeant... etc. »
(2) *Les Paradoxes de la Qualité*, par Isabelle Orgogozo, Éditions d'Organisation.

ORGANIGRAMMES

Chacun sait qu'une bonne organisation est à la base d'une bonne gestion de la Qualité, et qu'un bon organigramme est à la base d'une bonne organisation.

Mais qu'est-ce qu'un bon organigramme ?

Voici deux organigrammes. Le premier est un organigramme théorique, en blanc, lumineusement simple : il ne reste plus qu'à mettre les noms ou les fonctions dans les cases. Le second, également théorique, est identique au premier, à cette différence près que, justement, on l'a rempli pour faire apparaître la fonction Qualité : on peut voir que cette opération a déjà créé quelques complications (apparition de pointillés).

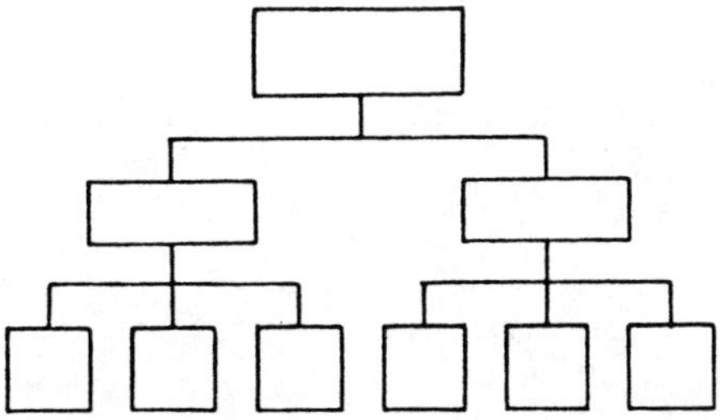

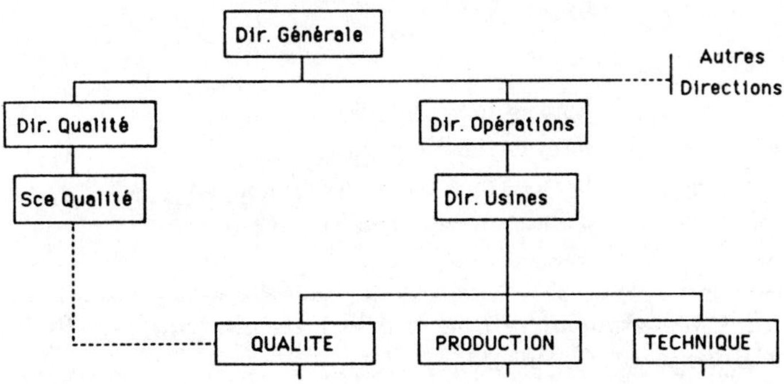

On imagine facilement que dans la réalité les choses se compliquent encore un peu plus, en particulier dans les structures géantes du type multinationales ou grandes administrations. Voici, à titre d'illustration, l'*organigramme simplifié* d'une telle organisation (il s'est trouvé, mais c'est une pure coïncidence, que cet organigramme était périmé le lendemain de sa parution...)

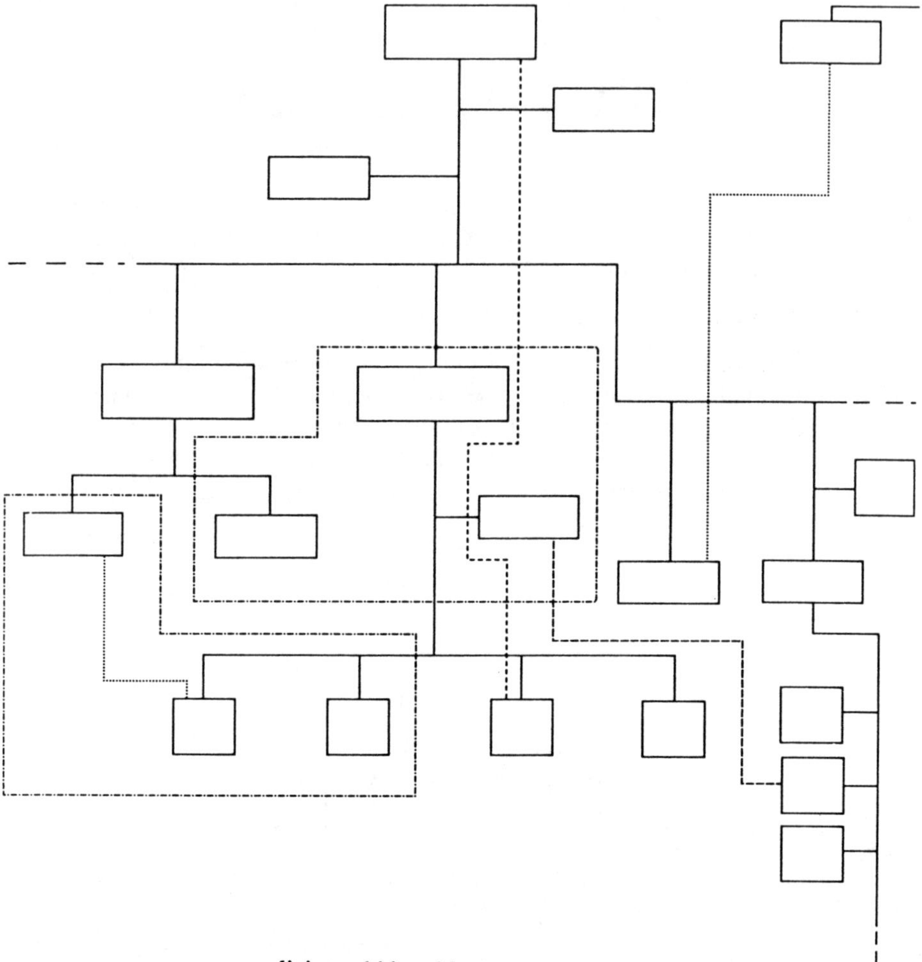

———— liaisons hiérarchiques
········ liaisons fonctionnelles
- - - - - liaisons hiérarchico-fonctionnelles
-·-·-·-· cellules opérationnelles (task-force)

Ne dites pas à ma mère que je m'occupe de Qualité, elle croit que je suis Chef d'Entreprise (G. Raveleau)

Mais Hervé Sérieyx nous rappelle que l'organisation n'a pas que des avantages :

Lorsque des entreprises se portent bien, fonctionnent bien, du seul fait qu'elles soient organisées en grandes fonctions dans lesquelles chacune essaie d'asseoir sa prééminence sur les autres, il y a 20 % de la ressource de l'entreprise qui sont affectés à résoudre des conflits de frontières.

20 % : rien que ça ! Dieu merci, il y a les petites entreprises, à caractère familial, où ces fameux *problèmes de frontières* se résolvent facilement :

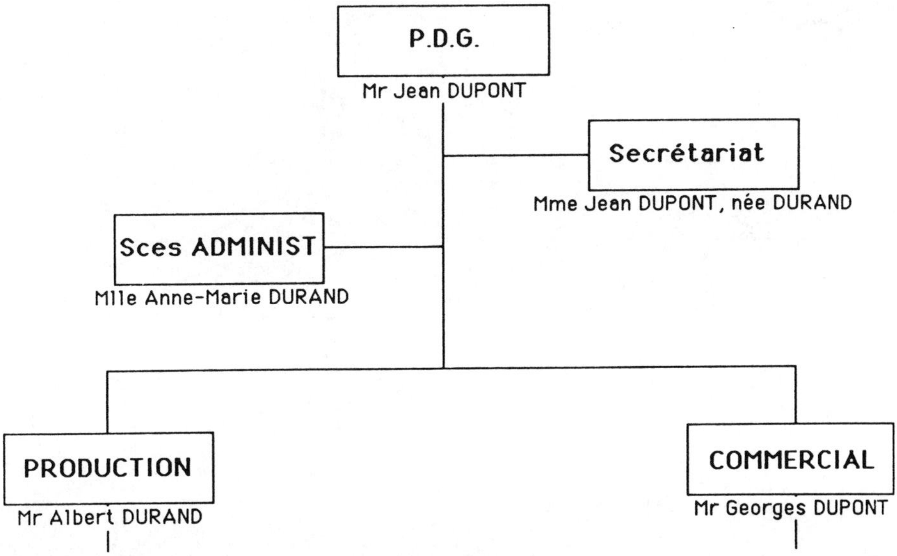

Page suivante sont regroupés quelques modes d'organisation propres à des cultures ou activités diverses. Pour information.

❑❑❑❑❑

Les Directeurs s'imaginent souvent que l'on installe la Gestion de la Qualité comme un nouveau sous-préfet ou une nouvelle moquette (W.E. Deming)

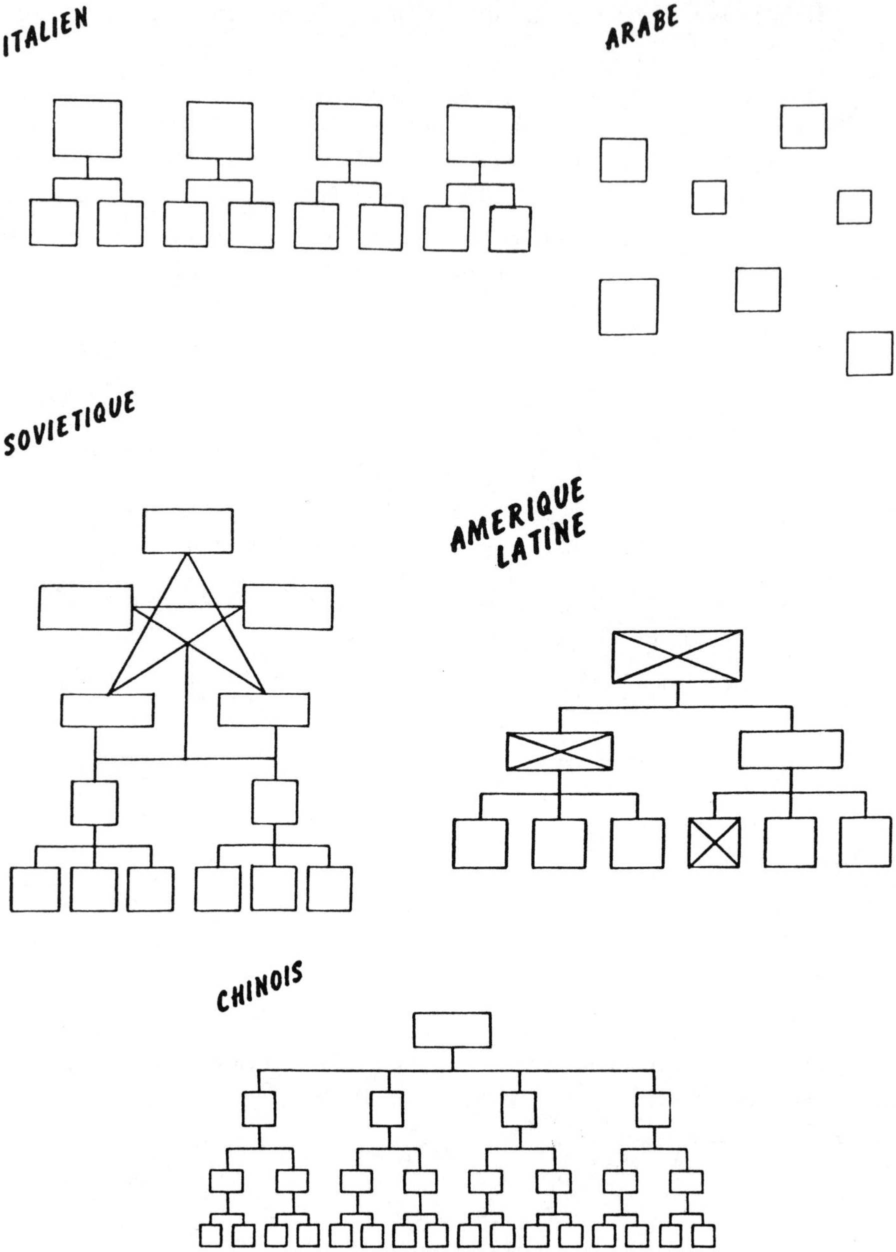
ITALIEN
ARABE
SOVIETIQUE
AMERIQUE
LATINE
CHINOIS

DU PIFOMETRE

La mesure est le bien suprême.
Eschyle

La Qualité se mesure, on ne le répètera jamais assez. Faire de la Qualité suppose donc d'avoir à sa disposition des instruments de mesure performants et parfaitement étalonnés : thermomètres, décamètres, ampèremètres, manomètres, etc. Le pifomètre est l'un des plus connus de ces instruments. Il présente beaucoup d'avantages de par sa simplicité d'emploi, son faible coût, son universalité (il peut s'appliquer à toutes sortes de grandeurs à mesurer), mais il ne doit être utilisé qu'à bon escient car il comporte aussi un certain nombre de risques.

Si vous voulez tout savoir, c'est ma courbe de poids !

Il est surprenant que la Pifométrie, science très ancienne (on a pu faire remarquer que les enfants naissent avec leur propre pifomètre incorporé, ce qui, soit dit en passant, est la preuve de la transmissibilité des caractères acquis), ait donné lieu à si peu de travaux et que, par exemple, il n'existe pas d'étalons d'unités pifométriques, au Pavillon de Breteuil ou ailleurs.

Embarqué pour une croisière sur son "sloup à tapecul" de Honfleur à Santander, Jacques Perret (1) se livre à des réflexions intéressantes sur la pratique de la pifométrie en navigation de plaisance.

Le lecteur n'éprouvera aucune difficulté à transposer ces commentaires à son propre domaine d'activité.

La coutume n'est pas de compter le pifomètre dans l'inventaire des instruments de bord, car il est strictement personnel, inaliénable, consubstantiel à l'individu et inutilisable par autrui. C'est un instrument organique, probablement façonné par les lois de la génétique et dont l'origine se perd dans la nuit phosphorescente et miraculeuse des temps infusoires. De ses variétés infinies, les pifologues ont essayé de faire une classification. Nous savons déjà qu'il en est de rustiques et de péremptoires, de délicats et de scrupuleux, d'infaillibles et de vicieux. En général, on trouve à bord autant de pifomètres qu'il y a de personnes embarquées, mais j'ai connu des gens qui n'en avaient pas, ou de si atrophiés qu'inopérants, et d'autres, véritables puritains de la science, qui feignaient de n'en point avoir comme si la chose fût impudique ; or, ce qui distingue précisément le pifomètre du télémètre ou de l'alidade, c'est qu'il peut fonctionner de son propre chef, parler sans y être invité, allant parfois jusqu'à récuser impérativement toutes les assertions mathématiques d'un carré de polytechniciens. Un commandant d'escadre survenant ès qualités sur la passerelle d'un cuirassé amiral peut être amené à faire usage de son

QUELQUES REGLES DE LA PIFOMETRIE (2)

1. La multiplication d'une unité pifométrique par un scalaire quelconque égale l'unité pifométrique initiale. Exemple : "Deux minutes d'attente", ou "Trois minutes d'attente s'il vous plaît" représentent exactement le même temps que "Une minute".

2. Deux longueurs pifométriques égales ne sont pas superposables. Exemple : "La longueur d'un poisson manqué" n'a aucun rapport avec son expression en unités pifométriques (non dénommées) représentée par l'écartement des mains du pêcheur.

3. Une unité pifométrique peut représenter des grandeurs différentes pour des individus différents, cela n'a aucune importance. Exemple : La "Giclée d'huile" ordonnée à l'apprenti mécanicien par son contremaître conserve son efficacité quelle que soit l'interprétation donnée.

(1) *Rôle de plaisance*, © Éd. Gallimard.
(2) D'après J. Blanchard (*Le Système Pifométrique*).

pifomètre, si rouillé soit-il et quelles qu'en soient les conséquences, étant admis que le pifomètre du chef est instrument de la volonté divine. Je ne vous surprendrai pas en disant qu'il n'y a rien d'intéressant à tirer d'une moyenne pifométrique, pas plus que le coefficient de sécurité à bord ne saurait être proportionnel à la somme des pifomètres embarqués. Toutefois, dans un équipage réduit, comme est le nôtre, l'usage veut qu'ils soient confrontés. Étant donné qu'il s'agit rarement de pifométrie pure, mais plus ou moins entremêlée d'alibis rationnels, il s'ensuit parfois des discussions assez âpres où chacun de nous est conduit à se demander si l'autre n'a pas perdu le sens des réalités sinon celui des vraisemblances.

Le pifomètre est toujours pointilleux, en effet, et la contradiction doit être menée avec beaucoup de tact. Il est moins humiliant de mettre en doute votre connaissance de la règle de trois que le moindre avis de votre pifomètre, car offenser le pifomètre c'est atteindre au plus profond et au plus secret de l'être. De sang-froid et impartialement, je dois néanmoins reconnaître que celui du matelot est légèrement supérieur au mien, si l'on en juge par les résultats ; mais cela n'ôte rien à la certitude où je suis toujours que le mien est le bon, car il est des pifomètres à si longue portée que notre impatience à juger les condamne injustement. Notez que, bien souvent, nous avons le bonheur de constater le parfait accord de nos pifomètres. Cela ne prouve rien, d'ailleurs, et la conjoncture est quelquefois traîtresse, car deux affirmations pifologiques peuvent précipiter à toute allure et en toute confiance dans la catastrophe. De même, deux pifômes de sens contraire ne s'annulent pas. De même, entre une pifoscopie affirmant un fond de six brasses et un autre le donnant à quatre, le fond vrai n'est pas obligatoirement stabilisé à cinq. Jusqu'à nouvel ordre, l'introduction du raisonnement scientifique dans la pifosophie est peu recommandable, et ces quelques vérités m'ont paru bonnes à rappeler à une époque où la plaisance recrute principalement dans les couches cartésiennes de la population. Enfin n'oublions pas non plus que le bateau lui-même a son pifomètre qui peut, en certaines extrémités, intervenir utilement pour départager l'équipage. Supposez qu'un fort coup de vent vous laisse incertain sur la meilleure cape à prendre, vous aurez quelquefois avantage à tâter les penchants du bateau et même à tout lâcher pour laisser agir librement son pifomètre, comme on voit le cavalier hésitant au carrefour abandonner les rênes et s'en remettre à la monture.

❑❑❑❑❑

Qui mieux que le balayeur peut avoir une idée de ce qu'on met à la poubelle ? (A. Feigenbaum)

LECTURE

LE LANGAGE PIFOMETRIQUE :

Exemples d'Unités pifométriques de Temps : la Minute de coiffeur, le Quart d'heure stéphanois, l'Heure d'horloge, le Jour sans pain, l'An d'âge.

Exemples d'Unités pifométriques de Quantité : brin, fifrelin, goutte, pincée, soupçon, zeste ; chiée (méga-), déluge, infinité, palanquée, ribambelle, tas.

Expressions pifométriques : A vue de nez (expression qui a donné son nom au pifomètre), A un poil près, A un cheval près, Et des poussières, Dans les, etc

Utilisation d'adjectifs qualificatifs :

Bon : Qualifiant une unité traditionnelle, quelle que soit la grandeur en cause, Bon suppose une majoration de 10 à 20 %. Exemple : une "bonne" demi-heure vaut environ 35 minutes

GRAND NAIN RENCONTRANT UN PETIT GÉANT

Petit : Qualifiant une unité traditionnelle, quelle que soit la grandeur en cause, Petit suppose une minoration de 10 à 20 %. Exemple, un "petit" kilomètre vaut environ 900 mètres

N.B. En confirmation de la règle de Jacques Perret suivant laquelle "deux pifômes de sens contraires ne s'annulent pas", on remarquera que l'addition des deux adjectifs "bon" et "petit" ne donne pas l'unité de base, mais celle-ci majorée de 5 à 10 %. Exemple : Si par exemple un "bon" kilo vaut 1100 grammes, et si un "petit" kilo" vaut 900 grammes, un "bon petit" kilo vaudra entre 1050 et 1100 grammes.

Si vous pouvez mesurer ce dont vous parlez et l'exprimer par un nombre, vous savez quelque chose de votre sujet ; sinon vos connaissances sont d'une pauvre espèce et bien peu satisfaisantes (Lord Kelvin)

VOUS AVEZ DIT : PREVENTION ?

Ne pas prévoir, c'est déjà gémir
Léonard de Vinci

Le vocabulaire de la Qualité abonde en mots ambigus.

Le cas du mot CONTROLE est bien connu : ce mot-piège, qui signifie à la fois *vérification* et *maîtrise/gestion* a laissé croire à nombre de dirigeants français qui avaient mis en place un Service Contrôle (pour vérifier la qualité des produits) qu'ainsi ils avaient la maîtrise de la Qualité. Funeste erreur !

A propos de MAITRISE, voilà encore un mot plutôt équivoque ! Que dites-vous de cette courte phrase : *la petite maîtrise doit assurer la maîtrise de la Qualité avec une grande maîtrise* ? Sans commentaires !

Le patron sera content de voir que nous avons terminé le travail.

Ce n'est pas parce qu'on a de bonnes pensées en imaginant la mauvaise qualité qu'il est interdit d'avoir de mauvaises pensées en n'imaginant la bonne qu'alitée. Poil au nez. (A la manière de P. Dac)

Mais arrivons-en à la PREVENTION.

Prévenir, c'est, étymologiquement, venir au-devant pour *alerter* quelqu'un que quelque chose de fâcheux pour lui est susceptible d'arriver : la vigie prévenait le capitaine de la présence d'un iceberg.

Mais c'est aussi, et tout aussi étymologiquement, aller au-devant pour *empêcher* quelque chose de désagréable d'arriver.

Un proverbe wallon dit : *Il vaut mieux prévenir qu'être prévenu.* On retrouve ces deux sens : il vaut mieux faire ce qu'il faut pour empêcher un accident d'arriver, plutôt que de se mettre dans la situation d'avoir à être alerté que cet accident est arrivé.

Affiche MFQ

De même cette affiche peut faire l'objet de deux interprétations : ou bien l'ouvrier regrette de ne pas avoir alerté le contrôleur que des défauts étaient en train de se produire, ou bien il regrette de n'avoir pas fait le nécessaire pour empêcher ces défauts d'arriver.

La Prévention, elle, est soit le fait de *prévenir* pris dans le deuxième sens ci-dessus (empêcher quelque chose d'arriver), soit, souvent alors au pluriel, une opinion qui est défavorable a priori.

N'ayons pas de prévention contre la prévention signifie que nous ne devons pas avoir d'idée préconçue à propos de la Prévention. Espérons que personne n'est en désaccord avec cette affirmation, car quiconque aurait des états

---

Même Picasso a dû apprendre qu'on ne nettoie pas avec de l'eau un pinceau pour peinture à l'huile (W.E.Deming)

d'âme sur la nécessité de tout mettre en œuvre pour essayer d'éviter que des défauts se produisent se mettrait de lui-même au ban de l'entreprise ! Car la Prévention est bien à la base même de l'obtention de la Qualité ... même s'il a fallu attendre l'édition de Septembre 1986 de la norme sur la Gestion de la Qualité (1) pour voir apparaître le mot !

Terminons en rappelant qu'il existe deux sortes de préventions :

- celle qui permet de faire bien du premier coup, en imaginant les incidents qui pourraient se produire pour y porter remède avant.

- celle qui permet de faire bien du deuxième coup, en exploitant à fond les erreurs commises : la bonne Qualité née de la mauvaise Qualité, ou encore en quelque sorte la Qualité par la Calamité ...

❑❑❑❑❑

(1) Pour être précis : NF X 50122, créée en 1980 sous le nom de FD X 50110, et devenue depuis, en 1988, NF EN 29004.

Un discours improvisé a été refait au moins quatre fois (W. Churchill)

LECTURES

VENI, VIDI, VICI

Je suis venu, j'ai vu, j'ai vaincu. A propos de ces mots de César après sa victoire sur Pharnace, le Petit Larousse ajoute dans ses pages roses : *"Phrase d'une application toujours familière, pour exprimer la rapidité et la facilité d'un succès quelconque"*. Faisons subir à ces mots une petite opération bénigne : la simple adjonction d'un préfixe. Ils deviennent : PRÆVENI, PRÆVIDI, PRÆVICI, ce que l'on peut traduire par : *J'ai prévenu, j'ai prévu, j'ai pré-vaincu* (c'est-à-dire j'ai vaincu d'avance). Et l'on peut ajouter, imitant le Petit Larousse : *"Phrase d'une application toujours familière pour exprimer la rapidité et la facilité d'un succès dans la Qualité"* ....

LES LOURDES CONSEQUENCES D'UN MANQUE DE PREVENTION

Que va-t-il ad**venir** si un défaut doit sur**venir**, et que l'on ne peut inter**venir** pour par**venir** à le pré**venir**, par exemple en cherchant d'où il peut pro**venir** ? Le produit ne va pas con**venir** au client, qui va s'en sou**venir.** Et que va de**venir** le client ? Les concurrents vont le circon**venir** pour sub**venir,** eux, à ses besoins, et, on ne peut en discon**venir,** on ne le verra plus re**venir !**

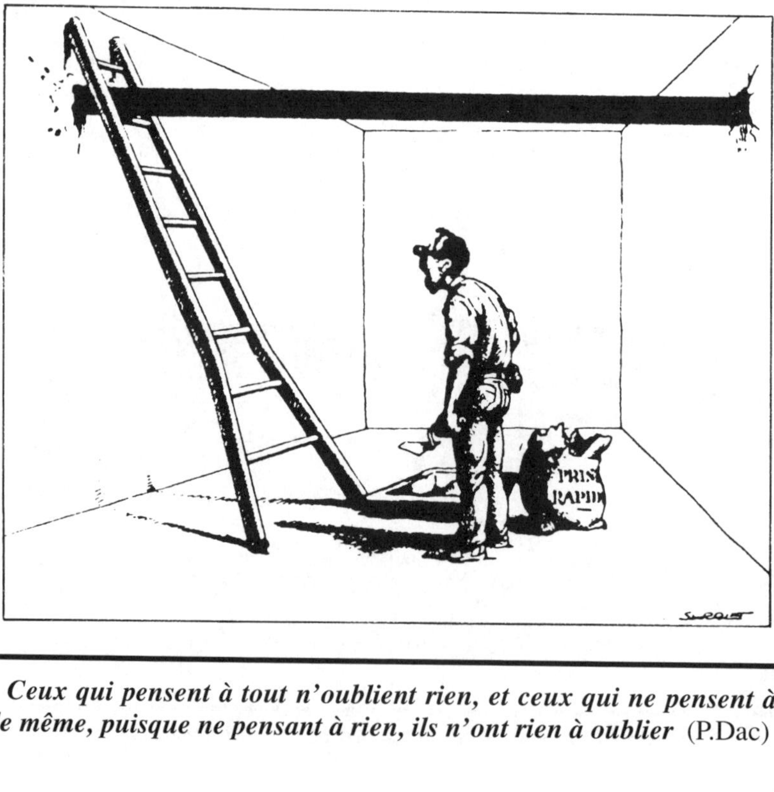

Ceux qui pensent à tout n'oublient rien, et ceux qui ne pensent à rien font de même, puisque ne pensant à rien, ils n'ont rien à oublier (P.Dac)

IMPROBABLES PROBABILITES

La Qualité a besoin des Statistiques comme les Statistiques ont besoin des Probabilités. Mais le calcul des probabilités fait parfois figure de repoussoir, et l'on a souvent tendance à le court-circuiter pour se fier à sa seule intuition.

Les exemples qui suivent montrent la fragilité de ce "sens commun".

1er Exemple

André et Bernard sont contremaîtres dans une fabrique de schmilblicks. Comme chacun sait, il s'agit là d'une fabrication très délicate, où le pourcentage de rebut est relativement élevé. Mais les schmilblicks qui ne sont pas mauvais au point d'être rebutés sont quand même envoyés aux clients en 2e choix, avec leur accord : ces derniers vérifient simplement par sondage que dans les lots reçus, la proportion de 2e choix n'est pas trop élevée. André et Bernard travaillent dans deux ateliers voisins, A et B, et produisent exactement les mêmes schmilblicks. Un jour, la production du matin a été de 11O pièces dans l'atelier A, dont 50 de 2e choix, et de 70 dans l'atelier B, dont 30 de 2e choix. L'après-midi, les chiffres sont respectivement de 90 en A, dont 6O de 2e choix, et de 140 en B, dont 90 de 2e choix. Un calcul simple montre que la probabilité de trouver des schmilblicks 1er choix est plus grande chez Bernard que chez André, en effet :

dans l'atelier A, le pourcentage de 2e choix est de 45 % le matin et de 67% le soir

dans l'atelier B, le pourcentage de 2e choix est de 43 % le matin et de 64% le soir

Bernard propose que sa production du jour soit envoyée à l'entreprise SEVER, qui a la réclamation plus facile, et demande à André d'envoyer aux Ets GENTIL, qui sont plus coulants, sa propre production qui est moins bonne.

Mais André, qui est un farouche défenseur des intérêts de sa Société, n'est pas d'accord. Pourquoi ?

2ème exemple

Pour améliorer leurs performances qualité qui, on l'a vu, ne sont pas fameuses, André et Bernard, qui sont chacun animateur d'un Cercle de Qualité, décident de faire une réunion commune des deux Cercles. André a 10 membres, Bernard 12. Pour détendre l'atmosphère en début de réunion, André propose à Bernard un jeu, en prenant à témoin les participants des deux groupes : il parie 50 F avec Bernard que, sur les 24 personnes présentes, 2 au moins ont la même date d'anniversaire. Bernard accepte aussitôt car cette probabilité lui paraît très faible et, étant pratiquement sûr de gagner, il met aussitôt lui aussi 50 F sur la table.

A-t-il raison ?

3ème exemple

A la réunion suivante, Bernard arrive avec 3 trois caisses fermées dans lesquelles il annonce à André qu'il a mis deux schmilblicks : dans la première deux schmilblicks bons, dans la deuxième deux schmilblicks rebutés et dans la troisième un schmilblick bon et un schmilblick rebuté. Il fait choisir une caisse à André, en lui demandant d'en sortir un schmilblick. André sort un schmilblick bon.

– Comment est le 2e schmilblick de cette caisse ? demande Bernard.

– Il y a évidemment une chance sur deux pour qu'il soit bon ou pour qu'il soit mauvais, répond André.

– Eh bien parions 50 F chacun. Que choisis-tu ?

– C'est pareil !

– Alors moi je parie pour un schmilblick bon.

– D'accord, si ça peut te faire plaisir, dit André

André et Bernard ont-ils autant de chances l'un que l'autre de gagner les 100 F en jeu ?

❑❑❑❑❑

Réponses page 188.

Dpt.de PROBABILITÉ
GÉNÉRALEMENT OUVERT DE 9 à 12 H.
SOUVENT OUVERT DE 13 à 17 H.

Achille Perceau DRH

Carnet de Dessins

Nous cherchons un homme jeune et dynamique
qui consente à commencer au bas de l'échelle et à y rester !

LA PROMOTION DU PERSONNEL

DIRECTION DES RESSOURCES HUMAINES

PAS DE PROBLEME !

Il suivait son idée
C'était une idée fixe
Et il était surpris de ne pas avancer
J.Prévert

Difficile de prétendre faire de la Qualité sans avoir un jour ou l'autre à résoudre des problèmes ... de Qualité !

Il n'y a pas de problème, il n'y a que des solutions, prétend André Gide, contredit dans ce paradoxe par Marcel Duchamp, pour qui *Il n'y a pas de solution , puisqu'il n'y a pas de problème* !

Le problème, c'est que chacun sait bien qu'il existe des problèmes ! Et la solution ne consiste pas à dire qu'il n'y a que des solutions ou qu'au contraire il n'y pas de solution, mais à chercher LA solution du problème, en évitant surtout de passer directement du problème à UNE solution !

Est-ce bien clair ? ?

> FAUX PROBLEMES
> ET VRAIS PROBLEMES
>
> Considérons ces deux problèmes :
>
> 1) Un cycliste va de Lyon à Dijon (200 km) sans s'arrêter, à la vitesse moyenne de 20 km/h. Au moment où il quitte Lyon, une hirondelle part de Dijon à la vitesse moyenne de 42 km/h, vient à la rencontre du cycliste, repart pour Dijon dès qu'elle l'a rencontré, et continue ce manège jusqu'à ce que le cycliste arrive à destination. Quelle sera la distance parcourue par l'hirondelle ?
>
> 2) Entre Lyon et Dijon, un automobiliste fait 80 km/h de moyenne à l'aller, et 120 km/h de moyenne au retour. Quelle sera sa vitesse moyenne ?
>
> Le premier ressemble à un vrai problème, mais est en fait beaucoup plus simple qu'il n'en a l'air, tandis que le second, qui ressemble à un faux problème, est bien un réel problème.
>
> Si vous ne trouvez pas pourquoi, la solution se trouve page 188.

Pour résoudre un problème, il vaut mieux se mettre à plusieurs et suivre une méthode :

– se mettre à plusieurs : pour avoir plus d'idées. Rappelons-nous : *Si tu me donnes une pomme et que je te donne une pomme, nous avons chacun une pomme. Si tu me donnes une idée et que je te donne une idée, nous avons chacun deux idées.*

– suivre une méthode : pour moins se fatiguer et être plus sûr s'arriver.

Pour les gens qui n'ont qu'un marteau, tous les problèmes sont en forme de clou (Maslow)

Rappelons-nous : *une méthode, c'est comme une rampe d'escalier, ça ne monte pas à votre place, mais ça aide.*

En quoi consiste une méthode pour résoudre un problème ?

– D'abord poser le problème, car un problème bien posé est à moitié résolu (air connu).

– Chercher les causes, les classer et les analyser pour en extraire la cause principale. Cette phase est fondamentale pour la réussite de l'opération, car la tentation est grande d'aller directement à la solution. Platon déjà ne disait-il pas : *Nous ne savons pas le vrai si nous ne savons pas la cause.* L'outil correspondant est le bien connu DIAGRAMME CAUSES-EFFET, du regretté professeur Kaoru Ishikawa, avec ses 5 M passe-partout (Main-d'œuvre, Matière, Méthode, Machines, Milieu) que certains n'hésitent pas à porter à 7, 8 ou plus (Maintenance, Marketing, Management,...).

– Vérifier, en observant des faits objectifs, que l'on ne s'est pas trompé, ceci grâce à des FEUILLES DE RELEVES. Un exemple de feuille de relevé, un peu particulière, est donné page 191.

– Classer ces données : l'outil de classement le plus usité s'appelle le DIAGRAMME DE PART ET TAUX (voir page 114).

– Chercher des solutions en évitant tous les freins à l'imagination

– Enfin choisir LA solution et s'assurer qu'elle donne satisfaction.

C'est d'une telle simplicité qu'on se demande comment il peut se faire qu'il y ait encore des problèmes non résolus !

Une des difficultés principales tient à la phase d'imagination : les gens ont du mal à avoir des idées, et quand ils en ont, ils hésitent souvent à les donner. L'abominable NO-MAN rôde par là, et alors, bonjour les dégâts !

CONCLUSION (optimiste) :

Résoudre un problème ? Pas de problème !

Votre idée est bien meilleure que la mienne, Martin, vous êtes licencié.

❑❑❑❑❑

No-Man

Contrairement à son demi-frère, le légendaire Abominable Homme des Neiges (le SNOW-MAN) qui habite seulement les plus hautes cimes de l'Himalaya, l'Abominable NO-MAN (mot à mot : l'Homme qui dit NON) peut être trouvé n'importe où et à tous les niveaux.

Comme pour son demi-frère, personne n'a jamais pu le décrire avec précision et l'image que nous nous en faisons n'est que l'assemblage de descriptions diverses.

On le trouve généralement dans un entourage stagnant, et, quoiqu'un chasseur solitaire puisse de temps en temps en tuer un, les meilleurs résultats sont obtenus par une équipe de chasseurs bien équipés et bien entraînés.

LECTURE

LA METHODE 4 A 4

Inventeur de la bien connue METHODE 4 x 4 (méthode universelle et tous terrains de résolution de problème), Jacques Guinet (1) propose aujourd'hui une ANTI-METHODE de résolution de problème, qu'il appelle la METHODE 4 à 4.

Comment ça fonctionne ?

1 – Identifier le problème :

Le premier qui passe fera l'affaire.

2 – Analyser les causes :

Un outil que les Japonais n'ont pas : le diagramme NIVU NIKONU J'T'EMBROUILLE, appelé aussi CTML (CAUSE TOUJOURS MON LAPIN) ou encore ARRETE TON CHAR BEN HUR ON GOUDRONNE

Un seul M est nécessaire pour classer les causes : M' ARRANGE

Si par hasard des participants proposaient d'autres causes, vous leur trouveriez toujours une place dans l'une ou l'autre des familles :

(1) Formateur à l'IDEF, 12 rue des Pies, 38360 SASSENAGE, Tél. 04 76 28 10 28 / Fax 04 76 28 10 06

Le corps humain a deux extrêmités : l'une pour créer, l'autre pour s'asseoir. L'ennui, c'est quand on se trompe de sens (R. von Oech)

• M'FEREZ PAS CROIRE

• M'ECHAPPE

• M'ENERVE

• M'EN MOQUE

3 – Rechercher la solution :

Ne prenez pas de décision au hasard, c'est risqué : certaines pourraient être bonnes.

Utilisez une nouvelle lecture du diagramme de Pareto : plus de 80 % de vos problèmes résolus à moins de 20 %.

Et un seul critère : la grosse voix

4 – Préciser la mise en œuvre.

Rien de mieux à ce jour que le principe Shadock :

"Il n'est pas nécessaire de regarder où l'on va, car il sera toujours temps de le savoir quand on y sera".

Nous travaillons sans recul. Pour un canon, c'est un progrès. Pas pour un cerveau (J.L. Servan-Schreiber)

DIFFERENTES MANIERES DE RESOUDRE UN PROBLEME :

S'Y METTRE
A PLUSIEURS

PRIER ...

FAIRE DE
LA PREVENTION !

C'est notre dernier modèle :
le mécanicien est compris dans le prix

L'obsession du combien et du comment nous tient confortablement à distance du pourquoi (J.L. Servan-Schreiber).

Achille Perceau DRH

Carnet de Dessins

Combien de temps croyez-vous que cette firme tiendrait le coup si on payait chacun selon ses mérites ?

LA RÉMUNÉRATION AU MÉRITE

DIRECTION DES RESSOURCES HUMAINES

CALCULEZ VOTRE Q.I.

Voici la Roue de la Qualité. Ce n'est ni la Roue de DEMING (voir page 33), ni la Roue du Char de l'Etat (voir page 34), ni une Roue de bicyclette, même si chacune de ces roues peut prétendre avoir un certain rapport avec la Qualité. C'est la manière qu'a choisie l'ARACQ pour présenter le contenu de la Qualité Totale. Un peu schématique, bien sûr, mais facile à retenir : chacun sait compter jusqu'à 20. Cette Roue comporte en effet 4 principes, eux-mêmes divisés chacun en 5 thèmes (outils, méthodes), soit au total 20 thèmes.

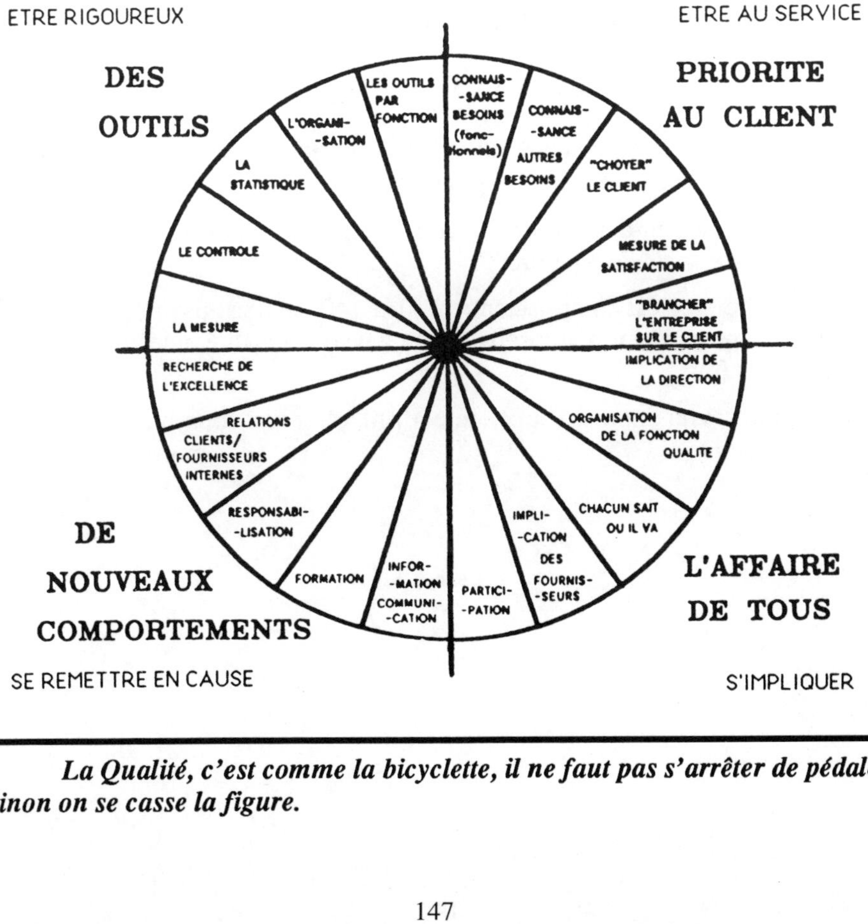

La Qualité, c'est comme la bicyclette, il ne faut pas s'arrêter de pédaler, sinon on se casse la figure.

Il y avait déjà un Q.I., le Quotient Intellectuel, qui vous permet de savoir si vous êtes intelligent (ou plus exactement si vous avez le type d'intelligence que les inventeurs du test veulent mesurer, et qui est en général leur propre type d'intelligence).

Il y a maintenant un autre Q.I., le Qualité Indicateur (en anglais *Quality Indicator*), qui vous permet, lui, de savoir où vous en êtes de la Qualité. On aurait pu, par analogie avec le précédent, l'appeler *Quotient Qualitatif*, mais c'est pour le coup qu'en abrégé il n'aurait pas fait très intellectuel ! Comment calcule-t-on son Q.I. ? C'est très simple.

Vous notez chaque thème de 0 à 6, en fonction de l'état d'avancement que vous pensez objectivement avoir atteint pour le thème correspondant, par rapport à une situation idéale. Vous faites le total, et vous ajoutez 5 points chaque fois que dans un même principe les 5 thèmes ont tous une note supérieure ou égale à 4. Ensuite vous ajoutez encore 8 points si les 4 principes ont chacun une note globale supérieure à 20. Enfin, vous disposez d'un joker, qui vous permet de doubler la note de deux thèmes à votre choix que vous considérez comme particulièrement importants pour vous, compte tenu de votre produit ou de votre service, de votre type de clientèle, de la nature de votre activité, de votre type d'organisation, de la conjoncture, etc.

Le total maximum auquel vous pouvez arriver est ainsi de :

$$6 \times 20 + 4 \times 5 + 8 + 2 \times 6 = 160$$

Si vous êtes compris entre 80 et 120, vous êtes dans la moyenne ... ce qui veut dire que vous avez encore des possibilités importantes pour progresser.

Si vous êtes en-dessous de 80, vous avez vraiment du souci à vous faire : il n'y a plus une seconde à perdre.

Si votre note est comprise entre 120 et 140, ce n'est pas trop mal ... mais ne faites pas pour autant d'autosatisfaction : avec la Qualité, une chose est sûre, on n'a jamais fini.

Enfin, si votre note est supérieure à 140, c'est que vous avez triché !

❑❑❑❑❑

QUALIPIGES ET CALLIPYGES (1)

On dit de Vénus : callipyge. Moi je dis qu'elle y pige rien .
Léo Campion

Il y a deux sortes d'entreprises.

Celles qui ont pris conscience de l'enjeu primordial que constitue pour elles la Qualité. Qui sont prêtes à relever le double défi, économique et social, auxquelles elles se trouvent confrontées. Economique, car elles savent que leurs résultats sont obérés par les coûts de la Non-Qualité, et qu'en réduisant ceux-ci elles amélioreront ceux-là. Social, car elles ont réalisé que leur personnel avait besoin pour s'épanouir, d'utiliser son intelligence, de développer son imagination, d'exercer sa responsabilité. Celles-ci ont pleinement "pigé" la Qualité. Ce sont les QUALIPIGES.

Et il y a celles qui, aveugles à ces nouveaux défis, vivent sur leurs gloires d'antan, gloires qui sont maintenant souvent largement derrière elles. Tirées en arrière par le poids de leur passé, elles sont incapables d'avancer et s'enfoncent doucement, sans même s'en rendre compte. Leur derrière hypertrophié les empêche même de voir qu'elles sont assises sur un trésor, le gisement de la Non-Qualité, trésor dont elles ne soupçonnent même pas l'existence. Telles des statues antiques, elles regardent, imperturbables, le monde changer autour d'elles. Ce sont les CALLIPYGES.

Il y a peu de différence, au premier abord, entre les QUALIPIGES et les CALLIPYGES : l'oreille ne les distingue même pas ! Mais il suffit d'ouvrir un peu les yeux, de scruter ce qui se passe à l'intérieur pour comprendre que c'est le jour et la nuit.

---

(1) **Callipyge (du grec καλλοσ beauté et πυγη fesse) : Qui a de belles fesses (Petit Larousse)**

Le plus modeste fabricant de boutons de bottines à Pamiers doit savoir aujourd'hui que dans une échoppe de Taï-Peh ou d'Osaka quelqu'un prépare sa mort (H. Sérieyx)

Les QUALIPIGES sont dynamiques, ouvertes sur l'extérieur, prêtes à réagir aux moindres indices en provenance du marché . On y aime le client, et on y aime le personnel. La crise même est source d'enthousiasme , car elle engendre la combativité et de ce fait est source de progrès. Elles vont de l'avant. Elles informent, elles forment... (et avec des gens qu'on forme, chacun sait qu'on fait des produits... conformes !). Chacun y est responsable, participe, bouillonne d'idées d'amélioration, bref a "pigé" à son niveau tout l'intérêt de la Qualité.

Les CALLIPYGES, elles, tournées vers leur passé, nous montrent surtout... leur derrière. On y regrette le temps béni de la pénurie, on y rêve d'économie de production, en espérant des lendemains qui chantent... qui ne sont pas pour demain ! On s' y lamente à longueur de journée : Ah si les clients n'étaient pas si difficiles ! Ah si les fournisseurs livraient à l'heure! Ah si les concurrents...! Ah si les ouvriers... ! Ah si les syndicats... ! Elles sentent le renfermé.

Chez les QUALIPIGES, on fait de la prévention le moteur du progrès. Chez les CALLIPYGES, on a de la prévention contre tout ce qui dérange les habitudes.

Les QUALIPIGES ont des Cercles. Les CALLIPYGES tournent en rond...

QUALIPIGES et CALLIPYGES ...

Dans la grande bataille de la compétitivité, les unes sont en train de gagner. Les autres vont perdre.

❑❑❑❑❑

Et maintenant, prions !

Tout secteur en arrêt sur image est menacé de zapping (J.P Girardeau)

LE REGLEMENT ....
A PLUS DE 90 JOURS !

Les dirigeants actuels de nos entreprises méditeront avec profit le document suivant, règlement intérieur d'une usine de Tourcoing. Ce règlement date de 1880, autant dire qu'il a.... plus de 90 ans !

Eux qui se plaignent constamment de la difficulté qu'ils ont à gérer leur affaire, des charges de toutes sortes, du manque de motivation, du laisser-aller général, de l'absentéisme, de la crise qui n'en finit plus, de la concurrence sauvage, découvriront qu'il y a un siècle leurs ancêtres étaient encore plus mal lotis, eux qui devaient tout faire eux-mêmes, veiller à tout, s'occuper non seulement de la santé et de la moralité de leurs employés, mais aussi du salut de leur âme, et ceci alors même que les salaires augmentaient de manière démentielle, et que les horaires de travail diminuaient de même.

Pauvres Patrons !

REGLEMENT INTERIEUR

1. Piété, propreté et ponctualité font la force d'une bonne affaire.

2. Notre firme ayant considérablement réduit les horaires de travail, les employés de bureau n'auront plus à être présents que de sept heures du matin à six heures du soir, et ce les jours de semaine seulement.

3. Des prières seront dites chaque matin dans le grand bureau. Les employés de bureau y seront obligatoirement présents.

4. L'habillement doit être du type le plus sobre. Les employés de bureau ne se laisseront pas aller aux fantaisies des vêtements de couleurs vives ; ils ne porteront pas de bas non plus, à moins que ceux-ci ne soient convenablement raccommodés.

5. Dans les bureaux, on ne portera ni manteau ni pardessus. Toutefois, lorsque le temps sera particulièrement rigoureux, les écharpes, cache-nez et calottes seront autorisés.

6. Notre firme met un poêle à la disposition des employés de bureau. Le charbon et le bois devront être enfermés dans le coffre destiné à cet effet. Afin qu'ils puissent se chauffer, il est recommandé à chaque membre du personnel d'apporter chaque jour quatre livres de charbon durant la saison froide.

7. Aucun employé de bureau ne sera autorisé à quitter la pièce sans l'autorisation de M. le Directeur. Les appels de la nature sont cependant permis et, pour y aller, les membres du personnel pourront utiliser le jardin au-dessous de la seconde grille. Bien entendu, cet espace devra être entretenu dans un ordre parfait.

8. Il est strictement interdit de parler durant les heures de bureau.

9. La soif de tabac, de vin ou d'alcool est une faiblesse humaine et, comme telle, est interdite à tous les membres du personnel.

10. Maintenant que les heures de bureau ont été énergiquement réduites, la prise de nourriture est encore autorisée entre 11 h 30 et midi, mais en aucun cas, le travail ne devra cesser pendant ce temps.

11. Les employés de bureau fourniront leurs propres plumes. Un nouveau taille-plume est disponible sur demande chez M. le Directeur.

12. Un senior, désigné par M. le Directeur sera responsable du nettoyage et de la propreté de la grande salle ainsi que du bureau directorial. Les juniors et les jeunes se présenteront à M. le Directeur quarante minutes avant les prières et resteront après l'heure de fermeture pour procéder au nettoyage. Brosses, balais, serpillières et savons seront fournis par la Direction.

13. Augmentés dernièrement, les nouveaux salaires hebdomadaires sont désormais les suivants :

Cadets (jusqu'à 11 ans)	*0,50 F*
Juniors (jusqu'à 14 ans)	*1,45 F*
Jeunes	*3,23 F*
Employés	*7,50 F*
Seniors (après 15 ans de maison)	*14,50 F*

❏❏❏❏❏

LE RESPECT S' PERD

Monsieur Ventroux n'apprécie pas de voir sa femme, une évaporée de première, et qui n'a pas inventé la poudre, se promener toute nue ou en chemise transparente dans l'appartement : député et visant un portefeuille, il craint de voir ses ambitions compromises par des révélations intempestives, venant des domestiques ou du voisin d'en face, sur le comportement inconvenant de Madame Ventroux.

On a reconnu le sujet de la pièce de Georges Feydeau intitulée : *Mais n'te promène donc pas toute nue !* Dans le passage qui suit, Monsieur Ventroux prend argument que son jeune fils pourrait être choqué pour avoir à ce sujet une explication avec sa femme, Clarisse.

CLARISSE, revenant à la charge, tout en allant s'asseoir sur le canapé. - *Non, mais enfin.... est-ce que, depuis la plus tendre enfance du petit, il n'a pas vingt-cinq mille fois assisté à ma toilette ? Et tu n'as jamais rien dit !*

VENTROUX.- Il y a tout de même un jour où il faut que ces choses-là cessent.

CLARISSE, exaspérante de calme.- *Oui. Oh ! ... J'te dis pas !*

VENTROUX.- Eh ben ! alors !

CLARISSE, les yeux au plafond.- *Bon ! ... Quand ?*

VENTROUX.- Quoi, "quand" ?

CLARISSE, même jeu. - *Quel jour ? ... A quelle heure ?*

VENTROUX.- Quoi ? quoi ? "Quel jour ? A quelle heure ?"

CLARISSE.- ... cesse-t-on ? Il doit y avoir un jour, une heure spéciale. Pourquoi particulièrement aujourd'hui ? Pourquoi pas hier ? pourquoi pas demain ? Alors, je te demande : "Quel jour ?.... Quelle heure ? "

VENTROUX, répétant sur le même ton.- *"Quel jour, quelle heure !" Elle vous a de ces questions ! ... Est-ce que je sais, moi ? Comment veux-tu que je précise ?*

CLARISSE.- Tu ne peux pas préciser ! (Se levant et s'avançant sur son mari.) *Tu ne peux pas préciser ! Ça, c'est merveilleux ! Et alors, tu veux que moi, une femme ! qui par définition dois être moins intelligente que toi - du moins, c'est toi qui le dis - tu veux que moi, je sois à même de le faire, quand toi, tu t'en déclares incapable !*

VENTROUX, hors de lui.- *Mon Dieu, que c'est bête, ce que tu dis là !*

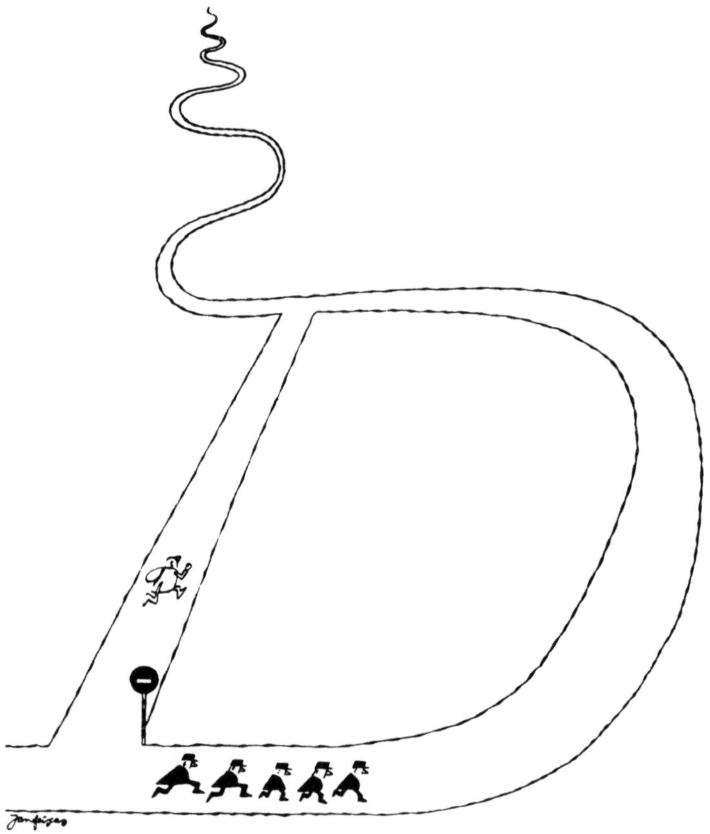

Les entreprises font preuve de beaucoup d'ingéniosité pour aider leurs employés à ne pas se conformer aux exigences (Ph. Crosby)

Clarisse, dans sa naïveté désarmante, vient de poser une vraie question, celle du respect. Non, pas le respect dû à une femme, qu'elle soit nue ou en chemise transparente, mais le respect .... des spécifications ! Cela mérite quelques explications.

La plupart des phénomènes physiques, naturels, humains que nous constatons sont des phénomènes à variation continue. On passe progressivement et souvent sans s'en rendre compte d'un état à un autre : ainsi l'enfant devient progressivement un adulte sans que le changement soit perceptible d'une heure à l'autre, ni même d'un jour à l'autre. Il en est de même, avec des échelles de temps différentes, pour la croissance des plantes, le mouvement du soleil dans le ciel, l'usure d'un mécanisme, etc. Où un problème se pose, c'est lorsque l'état initial correspond à une situation permise, ou tolérable, et l'état final à une situation interdite, ou insupportable, comme dans le cas du petit Ventroux. A partir de quel moment, de quel endroit, de quel niveau, bref de quelle valeur d'un certain paramètre, change-t-on de domaine ?

Ce genre de problèmes est fréquent dans la vie quotidienne. Par exemple, dans la traversée d'une agglomération, rouler à 30 km/h est sans danger, rouler à 100 km/h comporte des risques graves, mais où est la bonne limite de vitesse ? Il est normal que les moins fortunés soient exonérés d'impôts, mais où est la bonne limite de ressources ? Vous n'avez aucun scrupule à prendre une fleur dans le jardin de votre voisin, mais vous n'en cueillerez pas dix, quel est le nombre "acceptable" ? Etc, etc. Les valeurs limites peuvent être fixées par la morale personnelle de chacun, par la contrainte sociale, par un contrat entre deux parties, par la loi. Mais dans tous les cas (fréquents) de variation continue, ces valeurs auront un certain caractère d'arbitraire (par exemple, la vitesse maximum autorisée en agglomération est de 60 km/h, mais pourquoi 60 plutôt que 55 ou 62 ?) et par conséquent seront sujettes à contestation.

Nous y voilà !

Car dans le domaine de la Qualité, c'est-à-dire lorsqu'il y a échange d'un bien ou d'un service entre deux partenaires, l'un s'appelant le fournisseur et l'autre le client, il n'y a en général pas de solution de continuité entre la satisfaction totale du client et son insatisfaction totale. Et la limite a été fixée soit par le fournisseur si le client n'a rien exprimé de précis (cas des biens de consommation), soit par la réglementation (s'il y a par exemple mise en cause de la sécurité), soit par le client lui-même. Mais comme cette valeur est la plupart du temps arbitraire, la tendance est grande pour le fournisseur, lorsqu'elle n'est pas obtenue, de la contester et de ne pas la respecter. C'est là que l'on constate que le *Respect s' perd* ! Dans le meilleur des cas, le client sera informé, on lui demandera son avis : s'il accepte la demande de dérogation, cela confirmera que son exigence n'était pas justifiée et encouragera le laxisme lorsque se présentera la prochaine occasion. S'il la refuse, on l'accusera d'excès de rigueur, de bêtise, etc.

Ce qui vaut la peine d'être fait mérite d'être bien fait (N. Poussin)

Qu'on ne s'y trompe pas, ce problème est plus sérieux qu'il n'en a l'air. C'est celui de la rigueur dans le respect des spécifications. Il fallait obtenir E < 20. J'ai obtenu E = 20,1. C'est bon ? C'est mauvais ? Cas de conscience qui est le lot quotidien des responsables de contrôle ! Certains s'en tirent en disant, dans un tel cas, que 20,1 de même que 20,5 et jusqu'à 20,9, se lit, en négligeant ce qui est à droite de la virgule : 20. Et que si le client voulait réellement < 20,00000 il n'avait qu'à mettre le nombre de 0 nécessaire après la virgule ... D'autres disent : bien sûr, que c'est bon, ce n'est pas pour un malheureux dixième de point .... Mais les mêmes seront d'accord pour reconnaître que 21, non, là, c'est vraiment trop, c'est inacceptable. Et alors où est la limite ? Le problème du petit Ventroux ...

La rigueur avant toute chose ... Certes ! Mais comme il n'est pas interdit d'être intelligent .... Cruel dilemme !

❑❑❑❑❑

LECTURE

QUELQUES REFLEXIONS IMPERTINENTES SUR LA RIGUEUR :

- Si, par un coup de baguette magique, la rigueur se généralisait, le fonctionnement de l'entreprise s'en trouverait bloqué du jour au lendemain.

- Manque de rigueur ne signifie pas nécessairement manquement à la discipline. Le manque de rigueur procède souvent plus de l'esprit de débrouillardise et du désir de bien faire que du laisser-aller. En ce sens il est loin de n'avoir que des inconvénients.

- Pour que des règles contraires au "confort personnel" soient appliquées, il faut qu'elles soient "légitimes", c'est-à-dire que leur utilité ou leur nécessité soient comprises. Il faut donc :

. que cette utilité ou nécessité existent réellement.

. que l'information soit donnée (... et reçue !) sur la justification de la consigne.

- Dire que le manque de rigueur est dû au laisser-aller est déjà en soi un manque de rigueur. Dans l'analyse. Car c'est la preuve que l'on n'a pas fait l'inventaire de toutes les causes possibles.

- L'amélioration de la rigueur ne peut se faire que de haut en bas. Or le manque de rigueur existe aussi, ô combien, dans le haut des hiérarchies (cf vitesse de circulation automobile à l'intérieur de l'entreprise, stationnements, respect des horaires, rangement des bureaux, etc). C'est l'exemple, et non seulement l'exhortation, qui doit venir d'en haut.

- On ne restaure pas la rigueur en disant et répétant : “Il faut plus de rigueur, il faut plus de rigueur”, mais en créant les conditions favorables pour que la rigueur existe. La rigueur ne se décrète pas, elle s’organise.

- La rigueur n’est pas naturelle au Français moyen. Or il n’est pas facile d’obtenir ce qui est contraire à la nature humaine : chassez le naturel, il revient au galop. Il faut donc accepter de vivre avec une certaine absence de rigueur. Mais en cherchant à transformer cette faiblesse en force.

- Syllogisme : L’existence de structures ou de fonctionnements parallèles informels révèle une inadaptation des structures ou fonctionnements formels. Or un manque de rigueur est souvent la manifestation d’un fonctionnement informel. Il est donc pour cela utile d’étudier les manquements à la rigueur, qui portent souvent en eux-mêmes la solution aux problèmes qui les ont provoqués.

- S’organiser pour améliorer la rigueur consiste à :

. diminuer les occasions de manque de rigueur

. diminuer les conséquences d’un manque éventuel de rigueur.

Achille Perceau DRH
Carnet de Dessins
Sans légende
L'ESPRIT D'ÉQUIPE
DIRECTION DES RESSOURCES HUMAINES

LA REUNION FAIT LA FORCE

Qui dit Qualité dit Réunions. Mais qui dit Réunions ne dit pas forcément Qualité.... Hélas !

L'union fait la force. La réunion aussi, à condition qu'elle soit .... de qualité !

Voici les 16 commandements de l'animateur de réunion :

LES 16 COMMANDEMENTS
D'UNE REUNION DE TRAVAIL

1. *Participants tu convieras à l'avance suffisamment*
2. *Leur nombre tu limiteras selon leur concernement*
3. *Ordre du jour tu donneras, lieu, début, fin, également*
4. *La salle tu choisiras pour qu'on soit confortablement*
5. *Tableau, crayons, etc, tu prépareras avant*
6. *Au sujet tu réfléchiras avant le dernier moment*
7. *Les consignes tu donneras pour éviter dérangements*
8. *A l'heure tu commenceras et finiras exactement*
9. *Objectif tu annonceras et méthode pareillement*
10. *Les débats tu animeras, mais sans trop te mettre en avant*
11. *Synthèses périodiques tu feras sur l'état d'avancement*
12. *Que chacun parle tu veilleras, mais pas exagérément*
13. *Les dérives tu éviteras, qu'on rencontre trop fréquemment*
14. *En fin décision tu prendras, après avoir fait le bilan*
15. *Autre réunion tu fixeras avec tous les participants*
16. *Compte-rendu tu établiras, le plus objectivement.*

❑❑❑❑❑

QUELQUES CONSEILS

LA GESTION DU TEMPS

A l'issue d'un très long conseil des Ministres présidé par Louis XVIII, on s'enquiert auprès de Talleyrand, qui y avait assisté, des raisons de cette prolongation.

– *Le Roi est resté trois heures en son Conseil. Que s'est-il passé ?*
– *Trois heures.*

LES DERIVES

Quand l'ordre du jour devient le désordre du jour ...

L'EFFICACITE

N'oublions jamais que le chameau est un cheval dessiné par un groupe...

LE NOMBRE

Le chiffre idéal est de 6 à 8. En aucun cas ne dépasser 10. Le Christ a voulu essayer avec 12, ça ne lui a pas réussi.

LA DECISION FINALE

Pour prendre une décision, il faut un nombre impair de personnes. Trois est d'ailleurs déjà trop. (Maréchal Foch)

LA SAGESSE DES NATIONS

Les proverbes sont particulièrement utiles dans les cas où, de nous-mêmes, nous ne trouvons pas grand'chose pour nous justifier.

A.S. Pouchkine

L'avantage, avec les proverbes, c'est qu'il en existe toujours un pour venir au secours d'une argumentation un peu fragile, à laquelle il donne tout le poids de la sagesse populaire. Les principes qui sont à la base de la Qualité sont tellement affaire de bon sens et, déconnectés des temps et des lieux, ils sont d'une telle universalité, qu'il n'est pas anormal que les recueils de proverbes et autres dictons constituent de véritables mines pour les illustrer.

Il peut arriver que vous ayez à développer des argumentations contradictoires. Qu'à cela ne tienne ! Car, autre avantage des proverbes, à chacun d'entre eux est la plupart du temps associé un *contre-proverbe* qui dit exactement le contraire. Exemples typiques :

Tel père, tel fils — *A père avare, fils prodigue*

ou bien

La fortune sourit aux audacieux — *La fortune vient en dormant*

Enfin, dernier avantage, et non des moindres : si vous ne trouvez pas le proverbe qui conviendra à ce que vous avez à démontrer, vous pouvez le créer vous-même. Rassurez-vous, cette technique, tout discutable qu'elle soit, a été utilisée abondamment bien avant vous. Si les plus honnêtes, tel Chaval ou Balzac (mais oui !), ont signé leurs productions (voir Encadré), la plupart font passer leurs créations pour des dictons chinois, bantous ou lapons, tout le monde

QUELQUES PROVERBES SIGNES :
Qui vole un bœuf rira le dernier (Michel Laclos)
Pierre qui roule ne peut donner que ce qu'elle a (id)
Il ne faut pas courir deux lèvres à la fois (Honoré de Balzac)
Qui trop embrasse a mal aux reins (id)
L'argent ne fait pas la probité (Chaval)
Mieux vaut pleurer que rire à contre temps (id)
On ne mesure pas les vers de terre (Jean Tardieu)
Grimpe à l'arbre après le bûcheron (id)

n'y voit que du feu, et bien malin d'ailleurs celui qui pourrait en contester l'authenticité !

Mais revenons à la Qualité. Voici, pour quelques quelques thèmes, un assortiment de proverbes connus qui pourront vous servir à convaincre vos interlocuteurs que la Qualité trouve toujours ses fondements dans les réactions humaines les plus naturelles et les plus élémentaires ...

Thème	**Proverbe**	**Contre-proverbe**
Une démarche Qualité demande du temps ...	Petit à petit l'oiseau fait son nid Rome ne s'est pas faite en un jour Tout vient à point à qui sait attendre	
... et la volonté de la Direction ...	Vouloir, c'est pouvoir A cœur vaillant, rien d'impossible	L'intention vaut le fait A l'impossible nul n'est tenu La fortune vient en dormant
... qui doit donner l'exemple...	Tel père, tel fils	A père avare fils prodigue
... et agir ...		Dans le doute, abstiens-toi
... à long terme.		A chaque jour suffit sa peine
Utilisons les consultants.	Au royaume des aveugles les borgnes sont rois	Les grands diseurs ne sont pas les grands faiseurs Les conseilleurs ne sont pas les payeurs
Supprimons les barrières hiérarchiques.		A tout seigneur tout honneur
Faisons confiance ...		Méfiance est mère de sûreté

... et participons en groupe.	De la discussion jaillit la lumière	Chacun pour soi et Dieu pour tous Charité bien ordonnée commence par soi-même
	L'union fait la force Deux avis valent mieux qu'un	
Faisons de la prévention...	Il faut tourner sa langue sept fois dans sa bouche avant de parler Il ne faut pas mettre la charrue avant les bœufs Prudence est mère de sûreté Un homme averti en vaut deux Il vaut mieux prévenir que guérir	Trop de précaution nuit Action prime réflexion
... avec méthode,	Plus tu cours vite et plus tu risques de perdre tes babouches (1)	
... en reconnaissant le droit à l'erreur,...	Péché avoué est à moitié pardonné	
... en sachant profiter des erreurs...	A quelque chose malheur est bon Il n'y a pas de fumée sans feu	
... et en ne recommençant pas les mêmes erreurs.		Jamais deux sans trois
Attention à la routine ...	L'habitude est une seconde nature	
... on peut toujours mieux faire... ... mais attention à la sur-Qualité !	Qui n'avance pas recule	Le mieux est l'ennemi du bien Abondance de biens ne nuit pas
N'improvisons pas ...	L'enfer est pavé de bonnes intentions	
Respectons les spécifications ...	Nécessité fait loi Chose promise, chose due	
... et les délais.	Rien ne sert de courir il faut partir à point	Mieux vaut tard que jamais

(1) Proverbe guinéen.

LE LIÈVRE ET LA TORTUE

Affiche MFQ

Ne confondons pas satisfaction et absence de mécontentement ...		Point de nouvelles, bonnes nouvelles Qui ne dit mot consent
... car un client est vite perdu.	Un malheur est vite arrivé	Un de perdu, dix de retrouvés
La Qualité, ça n'est jamais fini !	Mauvaise herbe croît toujours	Il n'y a que le premier pas qui coûte

Les lignes blanches qui suivent sont à votre disposition pour noter les proverbes pertinents que vous avez trouvés au hasard de vos lectures. Ou vos propres trouvailles !

....

....

....

....

RALENTIR STATISTIQUES

La statistique est devenue à la mode,
et c'est une position que de statistiquer.
Honoré de Balzac

Pourquoi ce titre ambigu, qui laisserait supposer qu'il faut se méfier de cette science dont tout le monde s'accorde à reconnaître qu'elle doit faire partie des connaissances de base du qualiticien ? Un titre qui n'encourage guère à faire des efforts pour utiliser davantage cet instrument remarquable et pourtant trop méconnu ...

Le problème avec les statistiques, c'est que celui qui s'en sert mal parce qu'il les connaît mal court autant de risque que celui qui les met à toutes les sauces parce qu'il croit les connaitre. Le juste milieu est difficile à trouver, entre l'expert "hyperpointu" qui connaît par cœur l'équation de la courbe en cloche mais est incapable de faire pratiquement un échantillonnage, et le béotien qui, refusant de savoir comment ça marche, fera des bourdes énormes en appliquant sans réfléchir les règles figurant dans ses manuels.

On connaît l'histoire de cet automobiliste qui, apprenant que selon les statistiques, 50 % des accidents se produisent à des carrefours, considère que ces lieux sont particulièrement dangereux, qu'il convient par conséquent d'y rester le moins longtemps possible, et traverse donc tous les croisements en appuyant sur le champignon....

Ou le cas de ceux qui ne veulent plus se coucher parce qu'ils ont lu quelque part que 95 % des gens mouraient dans leur lit ...

Ou encore l'habitude qu'avait cet homme d'affaires d'avoir toujours une bombe dans sa serviette quand il prenait l'avion : excellent moyen, pensait-il, pour rendre très improbable un détournement, car si la probabilité qu'il y ait une bombe dans l'avion est très faible, celle qu'il y en ait deux est carrément infime !

Statistiquement parlant, elle est exactement comme toi et moi. Elle a simplement quelque chose qui n'est pas réparti de la même façon...

Voici deux autres exemples, cas réels mais qui n'en sont pas moins drôles.

Une enquête, destinée à prouver que la présence d'un médecin au moment de l'accouchement était nécessaire, montra que pour 50 accouchements avec médecin il y avait eu 4 complications, alors qu'il n'y en avait que 3 pour un groupe de même importance ayant accouché sans le secours d'un praticien. Un statisticien déclara que ces résultats n'étaient pas significatifs et qu'il fallait travailler sur des effectifs beaucoup plus importants. On recueillit donc de nouvelles observations, pour constater que sur deux séries de 500 accouchements, il y avait eu 47 complications avec médecin et 19 sans ! Le statisticien affirma que ces résultats étaient, eux, hautement significatifs, et que le risque de se tromper n'était que de 1 pour 10.000. Il fallut pousser plus loin l'analyse pour découvrir que, l'enquête ayant été faite à la campagne, on appelait le médecin surtout quand l'accouchement se présentait mal. A noter que si on avait obtenu les résultats inverses personne ne se serait posé de questions ....

W.E. Deming est un des papes américains de la Qualité. Au début des années 50, il apprit aux Japonais le Contrôle Statistique. Ces derniers lui en vouèrent une telle reconnaissance qu'ils lui attribuèrent, honneur dont bénéficièrent très peu d'étrangers, la Médaille du Trésor Sacré. Ils créèrent aussi le fameux *Prix Deming* attribué chaque année aux entreprises particulièrement performantes en Qualité. W.E. Deming raconte une histoire (1), destinée à montrer la difficulté qu'il y a à comprendre cet axiome élémentaire : *"dans un groupe certains points sont forcément au-dessus de la moyenne du groupe"*.

Dans le service Informatique d'une entreprise qu'il est en train de visiter, soixante opératrices perforent des cartes. Il demande au PDG qui l'accompagne quelle est la fréquence des erreurs : 3 erreurs pour 100 cartes. Chaque mercredi un état de contrôle lui indique combien d'erreurs a fait chaque opératrice la semaine précédente et il a un entretien avec chaque opératrice qui a fait dans la semaine *un nombre d'erreurs supérieur à la moyenne* !

– Ce qui veut dire que vous voyez en moyenne 30 opératrices chaque semaine, lui demande DEMING.

– Oui, c'est à peu près ça. Comment le savez-vous ?

Et l'auteur de lui raconter cette histoire d'une lettre, arrivée récemment au TIMES. L'expéditeur, se référant à une étude du Ministère de la Santé, soulignait que la moitié des enfants du Royaume-Uni avait un poids inférieur à la moyenne, que ceci était un scandale dans une nation développée, et qu'il y avait certainement quelque chose à faire en matière de nutrition des enfants (2)!

Vous n'avez jamais entendu parler d'intervalle de confiance à propos de la vitesse admissible ?

---

(1) In *Quality, Productivity, and Competitive Position* (M.I.T.)

(2) Se moquant de certains démographes, Alfred Sauvy écrit (Aux Sources de l'Humour) : *50 hommes trop nourris et 50 affamés, cela ne fait-il pas 100 habitants convenablement nourris ... en moyenne ?*

Le PDG s'amusa beaucoup, sans se rendre compte qu'il faisait la même faute, et que son mode de management, capable de ruiner le moral de n'importe quelle organisation, provoquait en fait plus d'erreurs, et non moins comme il l'espérait. Car sans le vouloir, il sélectionnait chaque semaine AU HASARD un échantillon de ses opératrices, alors qu'une technique statistique simple aurait pu lui indiquer lesquelles avaient éventuellement besoin d'aide, par exemple de changer de tâche.

Cette histoire vous fait sourire, car vous avez le sens de l'humour. A propos, savez-vous que 97 % des personnes interrogées pensent qu'elles ont un sens de l'humour *supérieur à la moyenne* !

Mais la statistique consiste aussi à traiter correctement les données. Juran, autre pape américain de la Qualité, raconte à ce propos cette histoire :

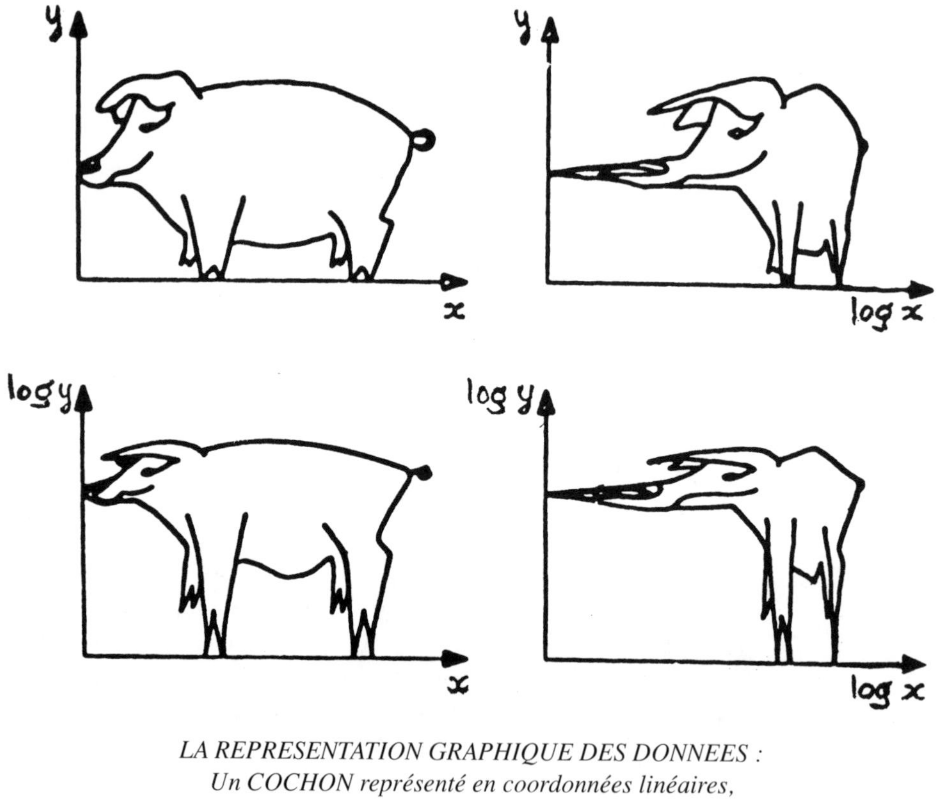

LA REPRESENTATION GRAPHIQUE DES DONNEES :
Un COCHON représenté en coordonnées linéaires,
semi-logarithmiques et logarithmiques.

Le général Poilloüe de Saint-Mars nous communique une très intéressante statistique, selon laquelle la mortalité dans l'armée augmenterait sensiblement en temps de guerre. (Alphonse Allais)

Un monsieur un peu trop porté sur la bouteille veut se défaire de cette fâcheuse habitude. Un de ses amis, qui connaît bien les techniques de la Qualité, lui suggère d'utiliser la collecte et l'analyse de données. Il lui prépare même une feuille de relevés permettant de noter chaque jour la boisson absorbée et l'effet obtenu. Les résultats sont les suivants :

LUNDI	Whisky avec tonic	→	IVRE
MARDI	Gin tonic	→	IVRE
MERCREDI	Vodka tonic	→	IVRE

Il apparaît à l'évidence que c'est le tonic, seul point commun aux 3 boissons, qui est le grand responsable, et que c'est lui qu'il faut supprimer !

❑❑❑❑❑

LECTURE

LES GENS SONT MECHANTS !

On a dit beaucoup de mal des statistiques. Voici un florilège de quelques réflexions impertinentes. Le lecteur est invité à ne pas se décourager pour autant et à se souvenir qu'il y a un monde entre la manipulation des données et leur utilisation comme puissant outil de gestion ...

La statistique est un bikini. Ce qu'elle révèle est suggestif, ce qu'elle cache est vital. A. Kœstler.

La statistique est la première des sciences inexactes. E. et J. Goncourt.

Il y a trois sortes de mensonges : les mensonges, les sacrés mensonges et les statistiques. Mark Twain.

Quand vous désirez qu'une statistique vous renseigne, cachez soigneusement ce que vous voudriez qu'elle prouve. Car si on le sait, elle le prouvera et, puisqu'elle le prouvera, vous oublierez de demander comment on l'a faite. A. Detœuf...

Dans toute statistique, l'inexactitude du nombre est compensée par la précision des décimales. G. Elgozy.

Les poubelles de l'histoire sont pleines de tendances prolongées. A. Allais

Beaucoup trop de gens utilisent les statistiques comme un ivrogne se sert des reverbères : pour rester debout et non point pour s'éclairer. Lord Thorneycroft.

Je ne crois qu'aux statistiques que j'ai falsifiées moi-même. W. Churchill

Achille Perceau DRH

Carnet de Dessins

Le Comité directeur a reconnu que votre suggestion avait fait économiser à la firme la somme de 15 millions. C'est pourquoi on m'a demandé de me renseigner discrètement sur la marque de vos cigares préférés.

LA RECONNAISSANCE

DIRECTION DES RESSOURCES HUMAINES

MY TAYLOR "WAS" RICH

Plusieurs Taylor sont entrés dans l'histoire. On trouve ainsi, entre autres :

– un théologien anglican, Jérémie Taylor (1613-1667)
– un mathématicien anglais, Brook Taylor (1685-1731), qui a donné son nom à une série
– un helléniste anglais, Thomas Taylor (1758-1835), traducteur d'Aristote
– un homme politique américain, Zacharie Taylor(1784-1850), qui devint Président des Etats-Unis
– un baron français, Isidore Séverin Justin Taylor(1789-1879), inspecteur des Beaux-Arts et écrivain
– un ingénieur américain, Frédéric Winslow Taylor (1856-1915), père du taylorisme
– une actrice américaine, Elizabeth Taylor (1932).

Les deux derniers sont manifestement les plus connus, même si c'est pour des raisons différentes, le premier se faisant un nom dans la production (de biens de consommation) et la seconde dans la consommation (de bien des productions !)

C'est Frédéric Winslow Taylor qui nous intéresse.

Ce Monsieur avait remarqué que si le travail était décomposé en opérations élémentaires, et si les ouvriers étaient payés au rendement, la production s'en trouvait augmentée (pendant qu'il y était, pour aller encore plus vite, il inventa les aciers dits rapides, mais presque plus personne ne s'en souvient).

65 ans après sa mort, il fut apostrophé en ces termes par Hervé Sérieyx :

THANK YOU, MR TAYLOR, AND GOOD BYE !

avec les commentaires suivants :

M. Taylor, vous êtes un homme remarquable et on vous fera sûrement un monument, car vous le méritez. Vous nous avez permis de faire la grande révolution des temps modernes, mais maintenant, nous n'avons plus rien à faire avec vous, car les organisations que vous nous avez léguées sont désespérantes pour des hommes et des femmes qui ne sont plus les rustiques paysans analphabètes pour qui votre système était fait, mais qui sont des gens qui ont un système de valeurs et une culture (ou en tous cas des prétentions) tout à fait accrues.

Que s'est-il donc passé ? C'est ce que nous allons essayer de voir.

1ère QUESTION : L'HOMME EST-IL FAIT POUR TRAVAILLER ?

REPONSE : NON

Tu sais quoi ?... Je suis déjà fatigué

C'est ce que chacun ressent plus ou moins confusément au plus profond de lui-même, et que nous confirment quelques maîtres à penser :

– *J'aime le travail. Le travail me fascine. Il m'arrive de m'asseoir pour le contempler pendant des heures. J'adore le conserver à côté de moi, l'idée de m'en débarrasser me brise le cœur* (Jérôme K. Jérôme)

– *L'homme n'est pas fait pour travailler. La preuve, c'est que ça le fatigue* (Tristan Bernard)

2e QUESTION : COMMENT FAIRE POUR L'OBLIGER A TRAVAILLER ?

1ère REPONSE :

C'est celle de Taylor : l'individu moyen étant paresseux par nature, il faut le contraindre en l'enfermant dans des normes strictes de production et de contrôle. Comme il n'a aucune ambition, il faut lui donner le minimum de responsabilités, ne pas lui demander son avis : *Tais-toi, et visse !* La récompense, c'est le salaire et la prime, qui satisfont ses besoins de sécurité.

Quelques pensées profondes sur ce thème :

– *On ne discute pas avec une brouette. On la pousse* (Mao Tsé Tung)

– *Le principe de la méthode Taylor, c'est que le rendement de l'ouvrier ne dépend pas que de l'ouvrier, mais du patron. Thèse qui fut un jour révolutionnaire* (Barenton)

- *Les deux plus grandes joies humaines sont probablement d'obéir et de désobéir* (Jean Dutourd)

2ème REPONSE :

C'est celle de la Qualité Totale et du management participatif :

L'individu n'est plus ce qu'il était au début du siècle : il est éduqué, informé, ouvert sur l'extérieur :

Réfléchissons bien sur le fait qu'il y a une probabilité de 1 sur 3 (1) que chaque soir l'O.S. et son Président regardent la même chaîne de télévision (René Robin)

Il veut utiliser ses capacités d'intelligence et de créativité au service de son travail :

L'Homme est un robot pensant (François Mauriac)

> UN COMBLE ?
>
> Un américain, Johannes P. Lochner, a écrit un livre intitulé : *The Tailormade Quality Management Style*, dans lequel il préconise entre autres l'approche participative. Taylormade ou tailormade ? Un i qui fait toute la différence !

Il veut être responsable, prendre des initiatives :

Vous savez pourquoi les Américains ont aboli l'esclavage ... ? Oh, pas par humanité, ni à cause de la Déclaration des Droits de l'Homme. Tout simplement parce qu'un esclave, ça coûte plus cher qu'un ouvrier. Un esclave, ça ne prend pas soin de soi, ça tombe malade, ça hésite à se reproduire, ça donne dans la mélancolie ... Un ouvrier auquel on verse son salaire, au contraire : il est libre, il est content, il peut faire jouer la concurrence entre patrons, il lutte pour SA vie, il se maintient en bonne santé, il fait des enfants ... (Michel Fustier, dans *Monsieur Patron saisi par la Qualité*).

(1) La probabilité a diminué : à l'époque il n'y avait que 3 chaînes !

Comment, une augmentation ? Mon estime ne vous suffit donc plus, Dupont ?

Il veut enfin s'accomplir dans ce qu'il fait et être reconnu :

Les tayloriens ont toujours présenté l'opérateur de base, l' O.S., comme étant la main de l'entreprise ; et puis dans les années 30, les avocats des relations humaines n'ont pas hésité à créditer cet O.S., très généreusement, d'un cœur. Déjà l'affaire était intéressante, car avec deux éléments on peut commencer à faire de la combinatoire : espérer par exemple que les ouvriers arrivent à l'atelier le matin le cœur sur la main ou quelque chose de ce genre (René Robin) (*Les uns et les autres,* remarque Crozier, *oubliaient qu'il est aussi, et avant tout, une tête*).

EN VRAC

UNE INFORMATION QUI FAIT DU BRUIT

Le P.D.G. d'une grosse entreprise d'ingénierie a décidé de mieux informer son personnel sur la vie de la Société, en particulier sur la situation du carnet de commandes. Pour ce faire, il a fait installer dans le hall d'entrée une cloche, et chaque fois qu'une commande est décrochée, on sonne la cloche : chacun est ainsi au courant.

Cette initiative a fait l'objet d'un entrefilet dans le journal local, qui se termine ainsi :

> *Il faudrait dans toutes les entreprises de Saint-Etienne mettre en place de telles cloches. Quand on les entendra carillonner jusqu'à s'en faire péter les tympans, chacun pourra être sûr que le chômage sera sonné pour de bon ...*
>
> *Et le dicton qui prétend que pour aller de l'avant, il faut parfois se faire sonner les cloches n'en prendra que plus de valeur ...*

Le garagiste dit qu'il n'y a aucun bruit dans la voiture et que tout se passe dans ma tête !

LE CHAMP DU COQ

Le COQ nous intéresse doublement.

D'une part, avec son Cocorico bien de chez nous, il est un symbole patriotique qui nous encourage à aller de l'avant. Suivons-le donc résolument !

D'autre part, ce COQ a un Q. Un Q qui n'a rien à voir avec le cul de POULE, mais qui est seulement ici la première lettre du mot QUALITE, et à ce titre nous sommes directement concernés : le COQ est tout simplement le *Coût d'Obtention de la Qualité* !

Rappelons pour les ignorants quel est le champ du COQ : le COQ se compose du Coût des Défaillances, internes et externes (c'est-à-dire le coût dû au fait qu'*on n'a pas fait les choses bien du 1er coup*), du Coût du Contrôle (c'est-à-dire le coût dû au fait qu'*on n'est pas sûr d'avoir fait les choses bien du 1er coup*) et enfin du Coût de la Prévention (c'est-à-dire le coût pour *essayer de faire les choses bien du 1er coup*). Autant dire qu'en tordant le cou à ce COQ-là (qui, hélas, a déjà chanté bien plus de 3 fois avant de nous réveiller !), on ne risque pas de tuer la poule aux œufs d'or, bien au contraire !

Affiche MFQ

Remarque importante à l'intention des éditeurs étrangers qui souhaiteraient acquérir les droits de traduction de cet intéressant ouvrage : l'association de "COQ-Animal de basse-cour" et de "COQ-Coût d'Obtention de la Qualité" constitue un jeu de mots qui, après recherches, n'est traduisible dans aucune langue.

ATTENTION AUX FAUTES (D'ORTHOGRAPHE) !

Quand Raymond H. Lévy, PDG de Renault, se fâche :

Objet : Qualité totale : application aux notes internes et à la correspondance externe.

Je reçois chaque jour en provenance de vos services un certain nombre de notes internes dont je suis destinataire pour action ou pour information, ainsi que de projets de lettres soumis soit à mon accord préalable, soit à ma signature.

La plupart de ces documents me parviennent à l'évidence « bruts de fonderie », apparemment sans aucune relecture de la part de ceux qui les signent ou de ceux qui les transmettent. Lorsqu'il s'agit de documents dont je suis le destinataire final, cette négligence constitue seulement une marque d'irrrespect à mon égard. Lorsque mon accord ou ma signature sont sollicités, je me vois contraint de procéder à de longues séances de correction portant parfois sur le style, souvent malheureusement sur le fond des choses et l'expression de la pensée, et dans chaque cas sur l'orthographe et l'application des règles élémentaires de la grammaire française telles qu'elles sont enseignées à l'école primaire ; faute de telles corrections, Renault apparaîtrait comme manifestant le plus total mépris envers les destinataires de sa correspondance.

Rien de ce qui précède n'est admissible.

A partir du 7 décembre, mon secrétariat aura pour instruction de renvoyer à l'expéditeur, sans visa, tout document qui n'aurait pas fait l'objet d'une relecture suffisante au regard des critères exprimés plus haut.

CORRESPONDANCE :

- *Je vous écrirai demain sans faute .*

- *Ne vous gênez pas, écrivez moi comme à votre ordinaire.*

(Rivarol)

Veuillez excuser l'orthographe et la frappe et agréer...

QUALITE SANS FRONTIERES

La Qualité, bien sûr, ne connaît pas de frontières. L'Humour non plus. Mais il n'empêche que certaines traductions peuvent s'avérer difficiles :

Allemand	Qualität	Mexicain	Calidad (1)
Anglais	Quality	Morse	— —·— ··— ·— ·—·· ·· — ·
Arabe	إتقان	Néerlandais	Hoedanigheid
Breton	Perz	Norvégien	Kvalitet
Catalan	Qualitat	Polonais	Jakosc
Chinois	品質	Portugais	Qualidade
Danois	Kvalitet	Roumain	Calitate
Espagnol	Calidad	Russe	качество
Espéranto	Kvalito	Suédois	Kvalitet
Grec	**Ποιοτητασ**	Turc	Nitelik
Hébreu	אֵיכוּתִי		
Hongrois	Minöség		
Islandais	Kvalitet		
Italien	Qualità		
Japonais	品質		

(1) Certains prétendent qu'au Mexique QUALITE se dit TEQUILA. Il ne s'agit en fait que d'une anagramme, qui ne saurait prêter à confusion !

DES SUGGESTIONS

Le travail de groupe promu par le management participatif a souvent fait passer au second plan une activité pourtant bien répandue autrefois dans nos entreprises : la Suggestion individuelle (la célèbre "boîte à idées"). C'est oublier qu'au Japon qui, dit-on, a vu naître les Cercles de Qualité (voir page 25 ce qu'il faut penser de cette affirmation), ces deux formes de participation coexistent, et que les Suggestions y marchent même très fort.

Le record du nombre annuel de suggestions est détenu là-bas par un ouvrier qui est arrivé au chiffre de 3.800 suggestions dans l'année, soit une moyenne de 2 par heure (1) ! (Rappelons que pour qu'une suggestion soit comptabilisée, elle doit impérativement être faite suivant les règles, c'est-à-dire au minimum faire l'objet d'une note écrite sur le formulaire prévu à cet effet). Suivant la même source, le record de suggestions pour les femmes est seulement (?) de 2.700 par an ... Minable !

Ce n'est qu'une suggestion, mais n'oubliez pas qui la fait !

❑❑❑❑❑

(1) Renseignement obtenu par l'auteur dans l'entreprise HOKUSHIN, fabrique d'instrumentation industrielle située dans la banlieue de Tokyo. Comme ceci se passait il y a quelques années, il est fort possible que ce record ait été largement battu depuis...

Achille Perceau DRH

Carnet de Dessins

Cessez donc de penser
que vous être un petit rouage dans une grande machine !

LA CONSIDÉRATION

DIRECTION DES RESSOURCES HUMAINES

NOTE SUR L'HUMOUR, la QUALITE et l'ENTREPRISE

Aux époques heureuses,
l'optimisme est un luxe. A la nôtre,
c'est un devoir.
Robert de Jouvenel

En 1939, le Français riait en moyenne 19 minutes par jour. En 1980, 6 minutes seulement. Ainsi, en l'espace d'une quarantaine d'années, nous avons perdu 13 minutes de rire quotidien. Faites le calcul : à ce train-là on ne rira plus du tout en l'an 2000. On pourrait bien alors commencer à pleurer ...

Il serait intéressant de connaître les statistiques du Rire dans l'entreprise. On se doute que l'évolution doit y être la même qu'ailleurs. Alfred Sauvy, un connaisseur, le confirme qui déclare que, plus que jamais, *dans l'entreprise l'humour n'a guère sa place ; il ne pourrait s'agir que d'artisanat ...* Et qui ajoute : *On voit mal le PDG de Renault préféré à un autre par le gouvernement en raison de son humour et de ses bons mots.* Certes ! Jean Fourastié a analysé les causes de la disparition du rire dans les ateliers et chantiers : le bruit des machines, qui gêne la communication, mais aussi le risque de perturbation par le rire de nos fragiles "organisations". Une révolution du XIXe siècle qui a, dit-il, complètement échappé aux Taylor, Fayol et autres Stakhanov.

C'est un cri d'alarme : on ne rit plus dans l'entreprise. Le Rire doit y être réhabilité au plus vite, car au contraire de certains produits (qui eux aussi fournissent de l'énergie ...), l'Humour ne s'use que si l'on ne s'en sert pas. Le gisement est important, même si, précise Alfred Sauvy, *cette richesse, si imparfaitement inexplorée, ne figure pas dans le bilan de la fortune nationale*, à l'inverse de la Non-Qualité qui, elle, a été chiffrée. Georges Elgozy a même proposé que l'Humour soit subventionné par l'Etat au même titre que la Recherche, et, pourrait-on ajouter, que la Qualité. Ce n'est hélas pas pour demain.

Sans aller jusque-là, on peut se demander si la "nouvelle" Qualité, avec toutes les dimensions qu'on lui donne aujourd'hui, ne constitue pas justement un support privilégié de la réhabilitation du Rire dans l'Entreprise. En tous cas, les enjeux sont tels que la question mérite d'être posée. Voyons les choses d'un peu plus près.

Si les "qualigraphes" (ceux qui ont écrit sur la Qualité...) sont déjà très nombreux, on ne compte plus les philosophes, sociologues, ethnologues, médecins, moralistes, et même ... humoristes, qui ont écrit sur l'Humour et le Rire. Cette prolifération explique le désaccord général, aussi bien sur la définition de l'Humour (*L'impossible définition*, titre du premier chapitre du livre que Robert Escarpit consacre à l'Humour !) que sur les causes du Rire : du célèbre *mécanique plaqué sur du vivant*, de Bergson jusqu'à la *victoire de la spontanéité sur l'automatisme* (exactement le contraire !) de Jean Cazeneuve, en passant par l'*insconscient* de Freud, la *rupture de déterminisme* de Fourastié ou la *bisociation* de Kœstler. Heureusement, il y a quasi-unanimité sur ce qui nous intéresse ici, à savoir les fonctions du Rire. L'analyse de toute cette littérature permet d'en identifier 5 :

- une fonction de relaxation
- une fonction pédagogique
- une fonction heuristique
- une fonction sociale
- une fonction de transformation

LE RIRE, C'EST LA SANTE (la fonction de relaxation)

"Comment ça va ? Comme un lundi ..." On a pu dire que nos entreprises étaient des *cathédrales d'ennui*. C'est souvent pire que cela : ce sont des milieux stressants. Les enjeux de la Qualité (on n'hésite pas à mettre en avant la concurrence acharnée, d'où la précarité des entreprises, donc de l'emploi) et les techniques de la Qualité (les changements technologiques ou organisationnels qu'elles induisent, la peur de mal faire, l'initiative de plus en plus demandée à des "exécutants" qui avaient jusqu'à présent surtout l'habitude ... d'exécuter, etc) sont autant de sources d'angoisse. De même que, comme le savent tous les métallurgistes, un matériel, pour pouvoir supporter les contraintes de travail, doit d'abord être soulagé des contraintes résiduelles par un traitement de *détensionnement*, de même pour pouvoir supporter les nouvelles contraintes de l'entreprise moderne, il est nécessaire de détendre les hommes et les femmes qui y travaillent. Et pour cela l'Humour est une solution autrement plus naturelle, moins dangereuse, et plus efficace, que n'importe lequel des tranquillisants ! L'Humour désarme l'agressivité. L'Humour dynamise. *Faites l'Humour, pas la grève,* pourrait-on dire !

Sans vouloir faire de comparaison malveillante, il n'est que de voir comment dans les régimes totalitaires, les "bonnes histoires" qui circulent sous le manteau aident à supporter l'insupportable : quand on rit d'un supérieur, on le rend un peu moins supérieur. Et comme dans nos entreprises il y a (en général) plus d'inférieurs que de supérieurs ...

En 1935 un certain docteur Vachet avait inventé la *rigolothérapie*. Aujourd'hui, un médecin gélothérapeuthe (du grec *gelos*, rire) a en projet un *Centre du Rire* où, l'on rira au minimum 30 minutes par jour. Combien de cadres auraient plus besoin d'un stage dans un tel centre que d'un séminaire de management, d'analyse transactionnelle ou autre PNL !

Tout le monde sait aujourd'hui que la santé d'un individu est proportionnelle à la quantité de son rire. Et si la santé de nos entreprises était elle aussi proportionnelle à la quantité de rire qui s'y dépense ?

APPRENDRE EN S'AMUSANT (la fonction pédagogique)

Les vertus de la Qualité Totale pour améliorer les performances et la compétitivité sont de nos jours bien démontrées, il n'empêche qu'elle a bien du mal à s'instaurer dans nos entreprises. On peut en dire autant des vertus pédagogiques de l'Humour, qui elles aussi sont bien connues, mais dont il faut constater qu'elles sont bien peu et bien mal utilisées. A l'école maternelle, les enfants passent l'essentiel de leur temps à jouer. A l'école primaire, ils ne jouent plus guère que dans les cours de récréation. Dans le secondaire, les "récréations" servent surtout à fumer une cigarette. Quant à l'enseignement supérieur, on n'y rit pratiquement plus, c'est terminé, on est devenu sérieux : on est mûr pour entrer dans la vie active. Et ne parlons pas de la formation continue ... ! Ainsi, plus l'homme avance en âge, moins l'Humour est utilisé pour sa formation. C'est bien dommage.

Car l'Humour vient en aide à la pédagogie, et ceci de plusieurs manières. Il est source de convivialité, transformant un auditeur froid en *partenaire chaleureux*. Apportant de la variété, facteur d'attention, il est un excellent moyen pour ne pas ennuyer. Il est une aide puissante à la mémoire. Enfin et surtout le Rire est d'abord une émotion, il fait jouer la partie droite de notre cerveau, celle de l'affectivité, alors que n'est mis normalement à contribution dans un enseignement classique que le cerveau gauche, celui de la rationalité. *Si le jeune enfant apprend tant de mots, de notions, de "choses", en si peu de temps, c'est qu'il y trouve des plaisirs intenses, constamment renouvelés,* nous dit Jean Fourastié, qui remarque qu'*il y a à ce point de vue continuité de la petite enfance à l'enfance, à l'adolescence et à l'adulte.* Puisqu'il y a continuité, que ne continue-t-on à enseigner aux grandes personnes comme on enseigne aux enfants ?

Est-il nécessaire de rappeler l'importance que revêt la formation dans l'Entreprise d'aujourd'hui, en particulier quand il s'agit de Qualité ? Les occasions de faire de l'humour en traitant de cette discipline sont nombreuses. Le sujet, et ce livre voudrait en apporter la preuve, s'y prête mieux que la productique ou la comptabilité générale. Alors, pourquoi s'en priver ?

Concluons avec cette affirmation de Fourastié : *Tous les formateurs savent (ou devraient savoir) qu'on peut bien plus aisément faire rire un groupe de gens que les intéresser sérieusement à un sujet sérieux.* Et si on les intéressait humoristiquement à un sujet sérieux ??

AVOIR DE L'HUMOUR POUR AVOIR DES IDEES ! (la fonction heuristique)

Un des aspects importants de la Qualité Totale aujourd'hui est la quête permanente de l'Excellence. Cette recherche constante du progrès nécessite un effort d'imagination de tous les instants : comment faire mieux demain ce que je fais "seulement" bien aujourd'hui ? Les membres de Cercles de Qualité le savent bien, qui font appel plusieurs fois au *brainstorming* dans la résolution d'un problème. Autant dire que Qualité ne va pas sans Créativité.

Or il se trouve que Créativité et Humour sont aussi étroitement associés. Les humoristes sont des créatifs. *La découverte se fait dans un climat de détente, de plaisir et de passion* (Michel Fustier), climat créé précisément par l'Humour. Georges Elgozy nous dit : *un gramme d'humour suffirait à dissoudre une tonne d'idées reçues.* Là encore, voyons comme les enfants sont créatifs dans leurs jeux avant que l'éducation *(on ne rit pas à table)* et l'instruction (*on ne rit pas en classe*) ne les aient pollués ...

Les humoristes sont capables de voir les choses sous un jour original et inattendu : n'est-ce pas ce dont on a constamment besoin pour améliorer la Qualité ?

METTEZ DE L'HUMOUR DANS VOS RELATIONS (la fonction de communication)

Il est inutile d'insister longuement sur la vertu sociale du Rire, la plus connue et la mieux admise par tous ceux qui ont étudié le sujet. Puissant vecteur de communication, le Rire contribue à créer le groupe, puis à le consolider. Il joue de plus un rôle de facilitation : *L'humour est un excellent lubrifiant. Si les mécanismes relationnels de l'entreprise se grippent souvent, c'est parce qu'ils tournent à sec. Le sérieux est sec...* (Fustier). A une époque où l'on ne parle plus que de management participatif, groupes projet, cercles de qualité, groupes autonomes, etc, Jean Cazeneuve nous rappelle opportunément que *la personne qui a le sens de l'humour est un agent social qui remplit ainsi une fonction dans le groupe*. Et Fourastié, pour qui *aucune voie n'est aussi naturelle et aussi efficace pour la formation des consensus sociaux*, conclut : *Les maisons où l'on rit gardent leur cohésion, les maisons où l'on ne rit pas, où l'on ne blague pas, où l'on ne se taquine pas, où l'on ne se dispute pas plaisamment, sont des maisons désunies ou en danger de désunion.* Nos entreprises ne sont-elles pas un peu comme ces "maisons" ?

RIRE POUR CHANGER (la fonction de transformation)

Cette fonction est trop souvent sous-estimée. Du moins en dehors du théâtre, où elle est connue depuis longtemps : *Castigat ridendo mores.* L'Humour donne de la distanciation, par rapport au sujet bien sûr, mais aussi par rapport à soi-même. *Un homme qui accepte de rire de lui est sauvé : ceux qui l'entourent le sont doublement. La vie ne progresse qu'à travers une succession de remises en cause* (Fustier). La Qualité aussi ! Et les changement de comportement à tous les niveaux, et en particulier aux plus élevés, constituent probablement l'investissement le plus lourd de tous les investissements à faire pour mettre en place la Qualité Totale !

On a dit de certains cadres, incapables d'évoluer pour se mettre au diapason de l'*Entreprise du 3ème type,* qu'ils relevaient de la psychothérapie ou de la mitraillette : l'Humour, *un des outils préféré de l'évolution créatrice,* mais aussi un des moins utilisés est une forme de psychothérapie moins radicale que la mitraillette !

CONCLUSION

L'Entreprise, la Qualité, c'est sérieux. Certes ! Mais l'Humour aussi, c'est sérieux. Car le Rire est un "comportement" parmi d'autres, et au moment où l'Homme est reconnu comme l'acteur essentiel de la performance économique, et où par conséquent les sciences humaines pénètrent de plus en plus dans l'Entreprise, il serait criminel de l'oublier.

Le contraire de la gravité n'est pas, comme en physique, la légèreté, mais le sourire et la bonne humeur ! On se prend à rêver de consultants ou de formateurs épanouis, à la mine réjouie, vendant de l'humour, du rire, de la joie de vivre, comme d'autres vendent de la gestion de production ou de l'informatique. Le marché est énorme, quasiment sans limite (ne riez pas, cela commence aux Etats-Unis ...) *Keep smiling*, nous répètent nos amis anglo-saxons, ou encore, jolie formule parodique : *Smile is beautiful.* Et Barenton : *Laissez rire. Aimez qu'on rie. Il faut travailler dans la joie.*

CEUX QUI ONT OSE TRANSGRESSER LES TABOUS ...

Quelques exemples (parmi d'autres) de réalisations d'entreprises :

B.D.	
Avis de Recherche (Zéro Défaut) (1982)	SOLMER
Si ça déstocke, ça va gratter ! (Zéro Stock) (1988)	PEUGEOT-TALBOT
La Marque bleue	ACCOR
Quali'Bédé (1990)	AFCIQ-AFQ
Spectacles	
Monsieur Patron saisi par la Qualité (1986) (1)	SAINT GOBAIN
Le Tribunal des flagrants délires (1985) (2)	CREDIT MUTUEL
L'Heure de Vérité (3)	IBM
Clownanalyse	
Alberto (1984) (4)	C2E-SPIE
Vidéos / Films	
Le Contrat (1987) (5)	AIR LIQUIDE
Rencontre du 16ème type (1985) (6)	CIE BANCAIRE
Le Fer, c'est les autres (1987) (7)	USINOR-SACILOR
Dessins / Affiches	
Dubouillon (1986)	AFCIQ
Serguéi (1986) (8)	CSSE DES DEPOTS
Séminaires Humour	
J.M. Diem (1980)	SECURITE SOCIALE
Livres	
Le But (1987) (9)	AFNOR-GESTION
Journaux d'entreprise	
Débloquer (1986) (10)	EDF / GDF

---

(1) Représentées pour la première fois dans un Colloque de l'AFCIQ à Lyon en Avril 1986, les pièces de théâtre de Michel Fustier connaissent depuis un développement considérable.

(2) Imitation de l'émission de France Inter, avec les mêmes meneurs de jeu

(3) Imitation de l'émission d'Antenne 2, avec les mêmes meneurs de jeu

(4) La Société Française de Clownanalyse a été créée par Alberto, alias Bernard Mangin, psycho-sociologue ... et clown d'entreprise !

(5) Comédie policière

(6) Film destiné à attirer de jeunes cadres dans l'entreprise

(7) Idem, imitation du *Journal des Nuls*, de Canal Plus, avec les mêmes acteurs

(8) Serguéi a illustré chaque mois une anecdote, une rumeur, un incident, dans l'entreprise (dessins regroupés dans un album : *La vie exemplaire de l'employé de bureau*, Ed. Denoël)

(9) "Roman" sur la Gestion de Production, par E.M. Goldratt et J. Cox

(10) Journal interne hors normes, véritable *samidzat*, réalisé par deux cadres de l'entreprise

C'est une tâche difficile. *Quelle étrange entreprise que de faire rire les honnêtes gens*, disait déjà Molière. Et Elgozy d'enchaîner : *Il est aussi ardu de faire boire un âne qui n'a pas soif que de faire rire un homme qui se dit ou se croit sérieux.*

Puisque c'est difficile, ceux qui s'y aventurent n'en ont que plus de mérite. Faisons un peu le point : où en est-on aujourd'hui ? Soyons honnête : Dieu merci, l'Humour a toujours existé dans le monde de l'Entreprise. Mais on sent des frémissements prometteurs qui tendent à lui faire un peu plus de place. Ça bouge ! Ils existent, ces prosélytes de l'optimisme, nous en avons rencontrés ... dans ce livre, et il y en a d'autres.

Entré par la petite porte de la publicité, l'Humour s'insinue peu à peu, timidement, dans la communication interne, où il apporte *de facto* la preuve que l'entreprise n'a pas peur du changement. L'illustration humoristique de documents divers se répand de plus en plus. Des dessinateurs professionnels, mais aussi des membres de l'entreprise dessinateurs amateurs, se spécialisent dans ce domaine : affiches, mais aussi journaux d'entreprise, bilans sociaux, voire bilans tout court ... sans oublier les B.D. Il y a aussi toutes les activités qui relèvent du spectacle, les films et la vidéo, pour lesquels le très sérieux Festival de l'Audiovisuel d'Entreprise de Biarritz décerne depuis 1988 un Grand Prix de l'Humour. Et le premier Salon international de la création d'Humour, le ZIGOM, dont une part est consacrée à l'Entreprise. Etc Il y a même eu des tentatives pour lancer des séminaires de formation à la pratique de l'Humour, à l'initiative d'un Directeur de Centre de Sécurité Sociale (mais oui !) avortées hélas parce que sans doute un peu trop en avance sur leur temps.

Tout ceci est très récent (voir encadré page précédente). Mais tous les espoirs sont permis. Soyons optimistes. Si la situation est grave, elle n'est pas désespérée !

❑❑❑❑❑

BIBLIOGRAPHIE

L'Humour, de Robert Escarpit, Ed. Que sais-je, 6ème éd., 1976
De l'Humour, de Georges Elgozy, Ed. Denoël, 1979
Humour et Politique, d'Alfred Sauvy, Ed. Calmann-Lévy, 1979
Le Rire, suite, de Jean Fourastié, Ed. Denoël Gonthier, 1983
Psychosomatique du Rire, du Dr Henri Rubinstein, Ed. Robert Laffont, 1983
Le Mot pour Rire, de Jean Cazeneuve, Ed. La Table Ronde, 1984
Le Sens de l'Humour, par A.Ziv et J.M.Diem, Ed. Dunod, 1987
Aux Sources de l'Humour, d'Alfred Sauvy, Ed. Odile Jacob, 1988
Préface de *L'Entreprise mise en pièces*, par Michel Fustier, Ed. d'Organisation, 1989
L'Humour en communication interne, mémoire CELSA Paris IV, par Laurence Hürstel, 1989

LES MOTS CROISÉS DE LA QUALITÉ

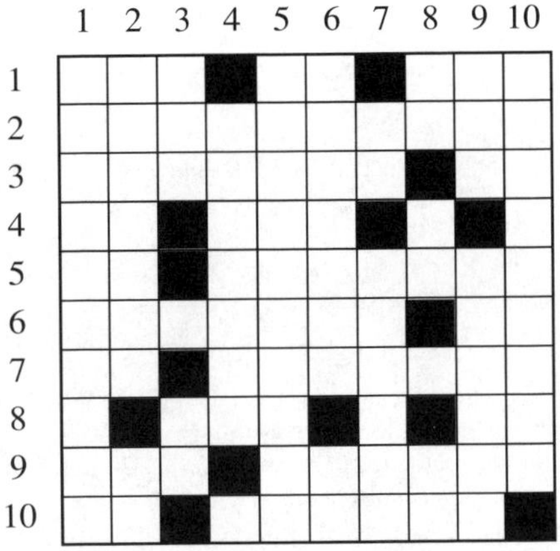

Horizontalement

1. Un qui refuse de suivre la norme. Une notation que plus d'un fournisseur voudrait avoir. La Qualité serait celle du travail, d'après Soljenitsine.
2. Mesure
3. Une activité qui nécessite un bon contrôle des procédés ... Dans une gamme qui n'est pas de fabrication.
4. Point dur. En balance.
5. Avant Jésus-Christ. Prénom.
6. Un spécialiste des retouches. Apparaît sur la gauche des affiches.
7. Auteur de ragots. Ce que devrait être l'application de toute consigne.
8. Trois fois blanc chez Rimbaud. Fin d'infinitif.
9. On peut apprécier la Qualité de leur anatomie. Fis une corrélation.
10. Trient sans rien. L'écart type...

Verticalement

1. Caractéristique fréquente chez ceux qui sont pour la Qualité ... des bons repas.
2. Fit la loi sous Louis XV sous un autre nom, et fait toujours la loi en statistique sous le même nom. Termine l'attribut, mais pas la variable.
3. Types romains d'industriels. Passe souvent avant la Qualité.
4. N'est pas un Cercle de Qualité !
5. Passera en dérogation.
6. De Qualité à l'Opéra. Le début des embêtements.
7. En droit. Outil de forage.
8. Possède. Symbole d'un métal utilisé en contrôle radio. Partie de variable.
9. Point dur. Forme d'organigramme.
10. Coupures dans le circuit.

RÉPONSES AUX TESTS

Page 67

Si vous avez trouvé entre 35 et 40 "F", vous êtes dans une honnête moyenne : vous n'avez saisi qu'environ 80 % des fautes. Si vous en avez trouvé 46, vous êtes un petit malin mais vous avez triché : devinant que vous risquiez d'en oublier, vous avez majoré votre résultat ... mais vous avez un peu trop forcé la dose, puisque le nombre exact est 45 ! Vous pouvez vérifier en prenant tout votre temps.

Page 68

Les mots DE dans la première phrase, et LE dans la deuxième, figurent 2 fois au lieu d'une.

Page 105

Si vous avez écrit avec un crayon (et non un stylo), les mots VRAI ou FAUX (et non V ou F), alors vous avez gagné. Sinon, vous n'avez pas suivi les instructions ...

Page 137-138

1) André a raison de ne pas être d'accord pour cette opération. Il suffit de faire le calcul en additionnant, comme il le suggère, les fabrications du matin et du soir de chacun d'eux pour s'en apercevoir : André a produit 200 schmilblicks en tout, dont 110 de 2e choix, soit 55 %. Bernard, lui, en a produit 210, dont 120 de 2e choix, soit 57 %. Si on envoie à SEVER la production de Bernard, et à GENTIL la production d'André, SEVER a des chances de trouver par son prélèvement un pourcentage de 2e-choix plus élevé que GENTIL.

Ainsi deux situations différentes qui donnent séparément un certain résultat voient ces résultats s'inverser lorsqu'on les considère ensemble ! Ce problème est connu sous le nom de Paradoxe de Simpson.

2) La probabilité pour que 2 personnes quelconques n'aient pas la même date d'anniversaire est de 364 / 365 (en ne tenant pas compte des 29 Février). La probabilité pour qu'une 3e personne n'ait pas une date identique à celle de l'une des 2 autres est de 363/365 (il y a 2 jours possibles). Pour 4 personnes, c'est 362 / 365. Etc. Pour la 24e personne, la probabilité est de 342/365. En multipliant ces fractions, on trouve 46%, probabilité pour que dans un groupe de 24 personnes il n'y en ait pas 2 qui aient la même date d'anniversaire. La probabilité pour que 2 aient bien la même date d'anniversaire est ainsi de 54 % : Bernard a tort de parier avec André, il a plus de chances de perdre que de gagner.

3) Le schmilblick bon qu'a sorti André provient à l'évidence soit de la 1re caisse, soit de la 3e. Si c'est de la 1ère, la probabilité de trouver un autre schmilblick bon est de 1/1 (certitude). Si c'est de la 3e, cette probabilité n'est plus que de 1/2. Le schmilblick sorti étant bon, il y a plus de chances qu'il provienne de la 1re caisse que de la 3e. Et il y a donc plus de chances que le 2e schmilblick à l'intérieur soit bon. Il est facile de voir que cette probabilité est de 2/3 , et non de 1/2 comme le pense André, qui prend donc des risques en laissant Bernard parier pour un schmilblick bon.

Ce problème est connu sous le nom de paradoxe de Joseph Bertrand.

Page 141

1) Le cycliste et l'hirondelle. C'est tout simple : l'hirondelle vole exactement pendant le même temps que le cycliste roule, puisqu'ils partent et arrivent en même temps. Comme le cycliste roule pendant 10 heures, l'hirondelle vole pendant 10 heures et parcourt donc 420 km.

2) L'automobiliste. 100 km/h ? Ce n'est pas si simple, car l'automobiliste va rester plus longtemps à 80 km/h (à l'aller) qu'à 120 (au retour), et sa moyenne sera donc un peu inférieure à 100 (96).

Page 187

Solution des croisés de la qualité

Horizontalement : 1. EPI. TB. AME. 2. MODÉRATION. 3. BILLARD. UT. 4. OS. LNB. 5. NS. ISIDORE. 6. POMPIER. AF. 7. ON. STRICTE. 8. EEE. ER. 9. NUS. RELIAS. 10. TT. HAMEAU

Verticalement : 1. EMBONPOINT. 2. POISSON. UT. 3. IDL.ES. 4. ELLIPSE. 5. TRANSITERA. 6. BARBIER. EM. 7. TD. DRILLE. 8. AI. CO. IA. 9. MOU. RATEAU. 10. ENTREFERS.

❑❑❑❑❑

SOURCES

L'ARACQ remercie les éditeurs et dessinateurs qui ont donné l'autorisation de reproduire certains textes ou dessins, et dont les références © sont indiquées aux pages correspondantes ou dans l'index page suivante.

Autres sources diverses : AFCIQ-IDF pour le Carré magique (p. 11), *Service compris* de Xardel, Habadou, Bloch, Ed Lattès pour l'accueil du client (p. 47-48), G.Raveleau pour l'effet Zorro (p. 62), AFQ pour le paradoxe du contrôleur (p. 66), EOQC pour le calendrier spécial délai (p. 81), *Quality Progress* pour le Fog index (p. 100) et le test de rigueur (p. 101).

Quelques documents qui viennent d'on ne sait où et qui se propagent dans les bureaux et ateliers mus par leur seule pertinence humoristico-didactique sont à ranger dans les "Usuels" de la Qualité : l'audit de l'orchestre (p. 23), la parabole du chef (p. 39), l'histoire du chat (p. 53), celle du crocodile (p. 88) et celle du Givordin (p. 105), l'expert et le manager (p. 61), le "F-test" (p. 67) et le règlement intérieur (p. 147), ainsi que le pipi du chien (p. 42), la balançoire (p. 45), les organigrammes (p. 124), le NO-MAN (p. 139) et la représentation d'un cochon (p. 164).

Deux bonnes adresses :

- Pour se procurer les affiches du MFQ :
  MFQ Rhône-Alpes, La Cité des Entreprises, 60 avenue Mermoz, 69372 LYON CEDEX 08. Tél. 04 78 77 06 98 , Fax 04 78 77 06 99
- Pour commander des pièces de théâtre :
  Collégiale - Théâtre et Congrès, 74-80 rue Roque de Fillol, 92800 PUTEAUX Tél. 01 55 23 03 03, Fax 01 55 23 03 04

INDEX DES DESSINATEURS

❑❑❑❑❑

Malgré toutes nos recherches nous n'avons pu identifier ou joindre les auteurs de certains dessins, leurs ayants droit ou leurs maisons d'édition. Nous avons cependant pris la responsabilité de les publier, persuadés que, ce faisant, nous suivions la mémoire des auteurs. Qu'ils sachent que leurs droits usuels sont d'ores et déjà réservés dans notre comptabilité.

QUESTIONNAIRE D'EVALUATION

(Photocopier, remplir et envoyer à l'ARACQ.
Surtout ne pas déchirer la page, ce serait dommage)

Il ne serait pas normal qu'un ouvrage traitant de QUALITE n'ait pas prévu une mesure de la satisfaction de ses lecteurs (1). C'est la raison d'être de cette Feuille d'Evaluation.

Bien que le plus grand soin ait été apporté par tous les acteurs à l'élaboration de ce livre, il est possible que vous y trouviez des défauts : défauts de conception, ou défauts de réalisation.

S'il s'agit de **Défauts de Conception**, c'est-à-dire si le livre ne vous plaît pas sur le fond, c'est que vos goûts ne correspondent pas à la moyenne nationale, car le projet a été testé auprès d'un échantillon représentatif. Autrement dit c'est que vous êtes un marginal. Et comme vous le savez, la marginalité ne constitue pas un marché.

S'il s'agit de **Défauts de Réalisation**, c'est que, *errare* étant *humanum*, quelques erreurs sont passées au travers de l'autocontrôle, du contrôle de l'autocontrôle, et de nos recontrôles, supercontrôles et hypercontrôles. Cette présence de défauts ne nous tracasse d'ailleurs pas outre mesure, car il est d'autant plus facile de toujours mieux faire que l'on n'a pas parfaitement réussi la première fois !

Mettre une croix dans la case appropriée (pour éviter toute discussion qui pourrait mal se terminer, bien affecter la responsabilité de l'erreur que vous avez relevée à l'auteur ou à l'éditeur).

AUTEUR		EDITEUR	
Fautes d'orthographes	☐	Bourdons	☐
Fautes de français	☐	Coquilles	☐
Contre-sens	☐	Mastics	☐
Faux-sens	☐	Doublons	☐
Non-sens	☐	Cuirs	☐
Longueurs	☐	Lapsus	☐
Lourdeurs	☐	Fautes de frappe	☐
Faiblesses	☐	Erreurs de pagination	☐
Confusions	☐	Fautes typographiques	☐
Erreurs de date	☐	Erreurs d'alignement	☐
Impropriétés/incorrections	☐	Impression défectueuse	☐
Fautes de goût	☐	Malfaçons de montage	☐
Vices de raisonnement	☐	Irrégularités	☐
Idioties	☐	Manques	☐
Contre-vérités/mensonges	☐	Anomalies	☐
Répétitions/redondances	☐	Loups	☐
Omissions	☐	Ruptures de stock	☐
Erreurs de jugement	☐	Détériorations	☐
Incongruités	☐	Négligences	☐
Autres (à préciser)	☐	Autres (à préciser)	☐

(1) Et pourtant, combien de « Qualigraphes », qui ne se privent pas d'insister sur la nécessité, pour faire de la Qualité, de connaître le degré de satisfaction des clients, oublient tout simplement d'appliquer cette règle à leur propre travail ! Le lecteur jugera où se trouve la plus grande conformité entre les paroles et les actes...

INDEX ALPHABETIQUE

(c = Citation de bas de page)

❑❑❑❑❑

Imprimerie Arts Graphiques du Perche 28240 Meaucé
Dépôt légal : novembre 1998 — N° d'Imprimeur 99207
Dépôt légal de la 1re édition : 4e trimestre 1991
Imprimé en France